¡ Buenos Dias !

¡Buenos Días!

An Illustrated Spanish Course

Part 2   Pupil's Book

A. J. Bennett

HODDER AND STOUGHTON
LONDON SYDNEY AUCKLAND TORONTO

Illustrations by Celia Weber

British Library Cataloguing in Publication Data

Bennett, A J
   Buenos dias.
   Part 2. Pupil's book.
   1. Spanish language – Composition and exercises
   I. Title
   468   PC4112

   ISBN 0–340–19625–4

First published 1978
Fourth impression 1987

Printed in Great Britain for Hodder and Stoughton Educational,
a division of Hodder and Stoughton Ltd, Mill Road, Sevenoaks, Kent
by Page Bros (Norwich) Ltd

Introduction

This book forms the second part of a three-part course which can be used to prepare pupils for public examinations. It can be the basis for the middle year of a three-year course or the middle two terms of a two-year course.

The basic principles on which this book is founded are very much the same as those of the first book. Pictures are used as a means of understanding the new language introduced, but they are fewer in number now because the accumulating language conveys progressively more meaning and becomes increasingly self-supporting. Unlike those in many textbooks, the lessons here are very short. Pupils are encouraged by this because their progress is made more obvious and because the large amount of built-in revision reveals the usefulness of what has already been learnt. Each text follows on from the previous one situationally and leads on through connected events so as to introduce the basic structures and vocabulary in the most common areas of interest.

Vocabulary

To the 650 words of the first part of the course, this book adds a further 550 thus giving a total command of some 1,200 words. The basic narrative is in the Preterite tense, which was introduced in the earlier book; and as well as the two Present tenses, the Immediate Future and Preterite of Part one, the Imperfect, the Perfect, the Pluperfect, the Simple Future and Conditional tenses are now introduced. The Subjunctive and more complex Modals are left to the third part of the course.

Although this book is intended to last for approximately the same amount of time as the previous one, there is less material in it. This is because I think it is important for teachers to put time aside in the timetable specifically for the pupils to do extensive reading. After the Preterite and the Imperfect have been introduced, pupils who have learnt the vocabulary in this course will be able to read quite widely. For sources of reading material the Spanish Teaching Materials Lists of the Centre for Information on Language Teaching and Research will be found to be invaluable.

Texts

These are meant to be read by the teacher while the pupils listen and watch the pictures. In this way aural comprehension is practised as a matter of course, and is not separated from everyday work. The grading and the repetition of the language make this an easy and enjoyable exercise. Any difficulties can be explained by miming, by reference to the pictures, or by explanations in simpler Spanish which has occurred before. In this book pupils are provided with the language necessary to ask the meaning of new or unknown items.

Questions

These are still the main type of exercise. Again, third person questions on each text are followed by more personal questions relating to the lives of the pupils. The teacher is the only one who can decide how many to do in each lesson, but the general principle is that the questions and answers should be practised thoroughly, first orally and then by reading and writing. New words should be spelled out in Spanish so that the attention of pupils is brought to bear upon them. It may be suitable at this stage for the answers only to be written, but it is very important for the whole sequence of question and answer to be written when a new type of question is introduced or in those cases when spelling contrasts are important, such as when demonstrative adjectives and pronouns are being taught.

Other exercises

After the questions have been learnt, pupils should be encouraged to make statements in Spanish about the pictures or situations, as a preliminary and freer exercise leading towards composition. The subjects of the compositions are related to the answers of preceding questions and to the important structures practised and emphasised by the structure tables.

In this book the questions and structure tables are developed into dialogues. These are sequences of three or four exchanges each, which contain items which can be substituted. These items are italicised in the dialogue. These, or dialogues like them, can then be written into the narrative-type compositions, so that the narrative and dialogue combine to make up longer and more varied pieces of writing. Again, it needs to be emphasised that this written work should be practised orally first, so that confidence and fluency can be encouraged.

Reference

A summary of the grammar has been included for pupils who might like to see the language structures tabulated in this way. The verb tables will be useful to refer to for spelling changes. The purpose of this book, however, is to provide graded, meaningful practice in the use of the language in such a way that a feeling for the language is developed by directly experiencing it. Finally, a Spanish–English vocabulary is provided. This gives only equivalents which relate to the contexts in this book.

Teacher's Books
These are provided for both Part 1 and Part 2. They contain additional suggestions on the methods of teaching with the course and notes on individual lessons with new structures and vocabulary listed for each lesson. In addition, answers to the questions are provided so that pupils who need extra practice or who wish to work on their own can do so independently of the teacher. Adults learning on their own can also use the teacher's book as a key in connection with the tapes of the recorded texts, questions and answers. In this way the course offers a flexible range of approaches to the learning of Spanish.

Once again, I should like to take this opportunity to thank my illustrator, Mrs Celia Weber and the many teachers and friends in Spain for their invaluable help in the production of this book.

A.J.B.

Contents

1 uno

En la primera parte del libro nos encontramos con una familia española, la familia Martínez, y también con una chica inglesa, Ann Hawkins. Un día, después de salir del trabajo, el señor Martínez fue en coche al aeropuerto para recibir a Ann. El avión llegó a su hora y Ann empezó dos semanas de vacaciones en España. Antes de salir del aeropuerto con el señor Martínez Ann tuvo que pasar por la aduana. El oficial le hizo algunas preguntas y luego ella pudo hablar con el señor Martínez.

Preguntas 1

1 ¿Qué parte del libro estamos estudiando ahora?
2 ¿Con quién nos encontramos en la primera parte del libro?
3 ¿Es una familia francesa?
4 ¿Es Ann una chica portuguesa?
5 ¿Cuándo fue el señor Martínez al aeropuerto?
6 ¿Cómo fue allí?
7 ¿Para hacer qué?
8 ¿El avión llegó tarde o temprano?
9 ¿Qué tuvo ella que hacer antes de salir del aeropuerto?
10 ¿Qué hizo el oficial de la aduana?

Subieron al coche del señor Martínez y salieron del aeropuerto. Algunos minutos después, llegaron a la casa de los Martínez. La casa le gustó mucho a Ann, con sus dos pisos y su patio. En la planta

2

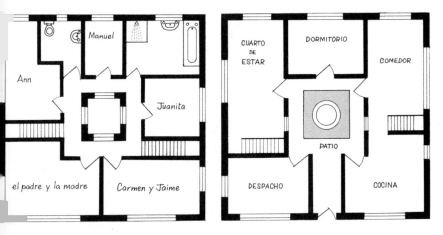

baja había cinco habitaciones. A la izquierda, había un cuarto de estar y un despacho; a la derecha, había un comedor y una cocina. Detrás del patio, había un dormitorio para los abuelos. En el primer piso había otros dormitorios y un cuarto de baño. Había dos dormitorios pequeños para Manuel y su hermana mayor, Juanita; y había dos dormitorios grandes para los padres y para Carmen y Jaime.

Preguntas 2

1 ¿Qué hicieron después de pasar Ann por la aduana?
2 ¿Cuándo llegaron a la casa de los Martínez?
3 ¿Cuál fue la reacción de Ann al ver la casa?
4 ¿Qué había en la planta baja?
5 ¿Qué había a la izquierda?
6 ¿Y a la derecha?
7 ¿Qué más?
8 ¿Qué había en la primera planta?
9 ¿Qué hay en la primera planta de tu casa?
10 ¿Cuántas habitaciones hay en la planta baja y cuáles son?
11 ¿Qué hacen Vds. allí?
12 ¿Qué quiere decir la palabra 'piso' en inglés?

2 dos

Después de llegar a la casa, empezaron a preparar la cena, la señora de Martínez poniendo la mesa y su marido abriendo dos botellas de vino. Todos se sentaron; el señor Martínez a un extremo de la mesa, y su esposa al otro. La criada llevó la sopa y empezaron a comer con alegría. A Ann le gustó muchísimo la comida. Había platos diferentes; sopa, carne, pescado y varias frutas.

Después de la cena, la abuela preparó el café. Lo echó en tazas pequeñas, que puso en una bandeja y luego volvió al comedor. Más tarde se levantaron de la mesa y fueron al cuarto de estar. Cuando le preguntaron sobre su familia en Inglaterra, Ann sacó unas fotos de su bolso y se las enseñó a sus amigos españoles.

Preguntas 1

1 ¿Qué empezaron a hacer al llegar a casa?
2 ¿Qué hizo la señora de Martínez?
3 ¿Qué hizo el señor Martínez?
4 ¿Dónde se sentaron ellos?
5 ¿Cuándo empezaron a comer?
6 ¿Cuál fue la reacción de Ann al comer?
7 ¿Cuándo preparó la abuela el café?
8 ¿Cómo lo preparó?

9 ¿Qué hicieron más tarde?
10 ¿Qué pasó en el cuarto de estar?
11 ¿Qué quiere decir la palabra 'varias' en español?
12 ¿Qué quiere decir la palabra 'había' en inglés?

Después de una conversación larguísima, el señor Martínez le enseñó a Ann su dormitorio. Subieron la escalera, entraron en la habitación, Ly se dijeron '¡Buenas noches!' Ann sacó su cepillo de dientes y fue al cuarto de baño donde se lavó, y se secó con una toalla que encontró allí.

Al volver al dormitorio se metió en la cama, y antes de dormirse, leyó algunas páginas de un libro español que encontró en una silla al lado de la cama.

La mañana siguiente, se levantó temprano y fue al cuarto de baño. Se vistió y bajó la escalera a la cocina. Al bajar los otros, ayudaron a la señora de Martínez a preparar el desayuno. Después de desayunar, Manuel tuvo que ir al colegio pero Juanita pudo quedarse en casa con su amiga inglesa.

Preguntas 2

1 ¿Quién le enseñó a Ann su dormitorio?
2 ¿Al decirse '¡Buenas noches!' ¿qué hizo Ann?
3 ¿Qué hizo ella en el cuarto de baño?
4 ¿Qué hizo al volver al dormitorio?
5 ¿Dónde encontró Ann la toalla?
6 ¿Dónde encontró el libro?
7 ¿Qué hizo la mañana siguiente?
8 ¿Qué hizo antes de bajar la escalera?
9 ¿A qué ayudaron a la señora?
10 ¿Qué pasó después del desayuno?
11 ¿Qué quiere decir 'larguísima' en español?
12 ¿Qué quiere decir 'al bajar los otros'?

3 *tres*

una vaca

un cerdo

Una mañana, la señora de Martínez tuvo que ir de compras. 'Tengo que comprar muchas cosas para la casa,' dijo a Juanita y Ann. '¿Queréis acompañarme a las tiendas?' 'Sí,' respondieron las chicas. Hicieron una lista de todas las cosas necesarias, buscaron y encontraron tres cestas grandes (A) y salieron de casa.

Llegaron a una carnicería (B) es decir, una tienda donde se vende carne. El carnicero, el hombre que vende la carne, enseñó la carne a la señora. Había carne de vaca y carne de cerdo (C). La carne de vaca estaba en un estante a la izquierda y la carne de cerdo estaba en el mostrador a la derecha. A la señora le gustaron las dos y tuvo que escoger. Decidió comprar la carne de vaca. 'Me gustaría comprar dos kilos. ¿Cuánto cuesta el kilo por favor?' preguntó ella al carnicero. '296 pesetas, señora.' dijo él.

Ella lo pagó y el carnicero dio la carne a la señora. La cogió y la metió en su cesta.

Preguntas
1 ¿Qué tuvo que hacer la señora una mañana?
2 ¿Quiénes la acompañaron a las tiendas?
3 ¿De qué hicieron una lista?
4 ¿Qué llevaron con ellas?

5 ¿Adónde fueron?
6 ¿Qué es una carnicería?
7 ¿Qué clase de carne había?
8 ¿Dónde estaba la carne de cerdo?
9 ¿Dónde estaba la carne de vaca?
10 ¿Qué quiere decir 'mostrador'?
11 ¿Por qué tuvo la señora que escoger?
12 ¿Qué decidió hacer?
13 ¿Cuánto costó el kilo de carne?
14 ¿Qué hizo la señora con la carne?

Conversación 1
1 ¿Cuántos alumnos hay en la clase hoy?
2 ¿Cuántos había ayer?
3 ¿Qué cosas había en tu mesa en casa esta mañana?
4 ¿Cuántas personas había en tu casa ayer por la tarde?
5 ¿Cuántos libros hay en tu pupitre ahora?
6 ¿Dónde estás ahora?
7 ¿Dónde estabas a las ocho de la mañana?
8 ¿Dónde estabas anoche?
9 ¿Dónde estabas ayer a las cinco de la tarde?
10 ¿Qué tienes que hacer cuando no hay comida en casa?
11 ¿Qué tienes que hacer cuando quieres comprar algo?
12 ¿Para qué sirve una cesta?

Conversación 2
Aquí está mi lápiz. Ahí está tu lápiz. Allí está el lápiz de Carlos.

1 ¿Dónde está tu lápiz?
2 ¿Dónde está mi lápiz?
3 ¿Dónde está el lápiz de Carlos?

Mis libros están aquí, delante de mí. Tus libros están ahí, delante de ti.
Los libros de María están allí, delante de ella.
Los libros de Ángel están allí, delante de él.

4 ¿Dónde están tus libros?
5 ¿Dónde están mis libros?
6 ¿Dónde están los libros de María?
7 ¿Dónde están los libros de Ángel?

4 *cuatro*

Al salir de la carnicería, pasaron las tres amigas cerca de un grupo de turistas. Eran extranjeros de varias nacionalidades que estaban esperando un autocar delante de su hotel. Había ingleses e inglesas, franceses y francesas, alemanes y alemanas, italianos e italianas, americanos y americanas.

Aquí están Mr y Mrs Peabody.
Mr Peabody es inglés.
Mrs Peabody es inglesa. Dicen:
'Somos ingleses.
Estamos de vacaciones aquí en España.
Hace tres días estábamos allí en Inglaterra.'

Aquí están Herr y Frau Schmidt.
Herr Schmidt es alemán.
Frau Schmidt es alemana. Dicen:
'Somos alemanes.
Estamos de vacaciones aquí en España.
Hace dos días estábamos allí en Alemania.'

Aquí están Hank y Betsy Jane.
Hank es americano.
Betsy Jane es americana. Dicen:
'Somos americanos.
Estamos de vacaciones aquí en España.
Hace una semana estábamos allí en los.
Estados Unidos.'

8

Los Peabody y los Schmidt están casados pero Hank es soltero y Betsy Jane es soltera. Son novios. Es decir que son buenos amigos y van a casarse un día.

Preguntas

1 ¿De qué nacionalidad eran los turistas?
2 ¿Qué estaban haciendo?
3 ¿Dónde estaban?
4 ¿Dónde viven los alemanes, los italianos y los americanos?
5 ¿Qué idiomas se hablan en Alemania, América e Italia?
6 ¿De qué nacionalidad son Mr y Mrs Peabody?
7 ¿De qué nacionalidad es Herr Schmidt? ¿Y Frau Schmidt?
8 ¿Cuándo estaban en Alemania?
9 ¿Dónde estaban los americanos hace una semana?
10 ¿Qué hacen en España?
11 ¿Están casados?
12 ¿De qué nacionalidad eres tú?
13 ¿Qué idiomas hablas?
14 ¿Dónde estabas hace un mes? ¿Aquí en Inglaterra o en otro país?

Conversación 1

Mi pluma está aquí, cerca de mí. Tu pluma está ahí, cerca de ti.
La pluma de Pedro está allí cerca de él.
1 ¿Dónde está tu pluma?
2 ¿Dónde está mi pluma?
3 ¿Dónde está la pluma de Pedro?

Conversación 2

Mis cosas están aquí, cerca de mí. Tus cosas están ahí cerca de ti.
Las cosas de Isabel están allí, cerca de ella.
1 ¿Dónde están tus cosas?
2 ¿Dónde están mis cosas?
3 ¿Dónde están las cosas de Isabel?

5 cinco

pasteles

una barra de pan

Entraron nuestras amigas en la panadería y saludaron al panadero que estaba detrás del mostrador **(A)**. En los estantes a la izquierda había muchas barras de pan **(B)**. En el mostrador había pasteles de toda clase. La señora pidió seis barras de pan al panadero y decidió comprar también veinte pasteles. Le preguntó el precio. 'El pan cuesta 48 pesetas,' le dijo él, 'y los pasteles cuestan 100 (cien) pesetas. Son 148 (ciento cuarenta y ocho) pesetas.'

La señora le dio dos billetes de cien pesetas y el panadero le entregó el pan, los pasteles y el cambio (52 pesetas). Antes de salir de la tienda miraron otra vez la lista. Decidieron ir al banco.

Preguntas
1 ¿Qué es una panadería?
2 ¿Dónde estaba el panadero?
3 ¿Qué le pidió la señora de Martínez?
4 ¿Qué más decidió comprar?
5 ¿Cuál era el precio del pan?
6 ¿Cuánto costaron los pasteles?
7 ¿Qué le dio la señora al panadero?
8 ¿Qué le entregó él a la señora?
9 ¿Qué hicieron antes de salir de la tienda?
10 ¿Qué decidieron hacer?

Conversación 1

1 ¿Qué compraste tú la última vez que fuiste a la panadería?
2 ¿Quién estaba detrás del mostrador?
3 ¿Cuántas barras de pan le pediste?
4 ¿Qué le preguntaste?
5 ¿Sabes cuánto cuesta una barra de pan ahora aquí en Inglaterra?
6 ¿Qué diste al vendedor (a la vendedora)?
7 ¿Qué te entregó él (ella)?
8 ¿Adónde decidiste ir después?

Conversación 2

1 ¿Qué puedes comprar en una panadería?
2 ¿Qué puedes comprar en una carnicería?
3 ¿A quién puedes ver delante de ti en la clase?
4 ¿A quién puedes alcanzar y a quién no puedes alcanzar?
5 ¿Qué puedes hacer si tienes una toalla?
6 ¿Qué puedes hacer si tienes un cepillo de dientes?
7 ¿Qué puedes hacer si tienes un periódico?
8 ¿Sabes hablar español y árabe?
9 ¿Sabes nadar y jugar al béisbol?
10 ¿Sabes cocinar y escribir a máquina?

Composición

Usando estas preguntas, escribe una composición describiendo cómo fuiste a España u otro país.

1 ¿Cómo llegaste al aeropuerto?
2 ¿Qué tuviste que hacer antes de salir del aeropuerto?
3 ¿Con quién te encontraste luego?
4 ¿Cuál fue tu reacción al llegar a la casa de la familia?
5 ¿Qué habitaciones había en la casa?
6 ¿Qué hiciste por la tarde?
7 ¿Quién había en la familia?
8 ¿Qué hiciste antes de acostarte?
9 ¿Cuántas horas dormiste?
10 ¿Qué pasó la mañana siguiente?

6 seis

Había mucha gente en el banco y los clientes **(A)** estaban haciendo cola. Estaban esperando con impaciencia. Cuando fue el turno de Ann, dijo a la empleada, que estaba detrás de una ventanilla **(B)**,

'Me gustaría cambiar diez libras inglesas en pesetas, por favor.' La empleada preguntó a Ann si era extranjera. 'Sí, soy inglesa.' dijo Ann.

'Vd. habla español sin acento ninguno,' dijo la española. '¿Está Vd. aquí de vacaciones?'

'Sí señorita.'

'¿Puede Vd. darme su pasaporte por favor?' preguntó la empleada.

Miró la fotografía de Ann y sonrió. 'Vd. es mucho más bonita en la realidad que en la foto.'

'Gracias,' dijo la inglesa. La empleada hizo algunos cálculos, le entregó a Ann el pasaporte y una hoja de papel. **(C)** Luego, Ann tuvo que presentarse a la cajera, donde recibió su dinero cambiado en pesetas.

Preguntas

1 ¿Adónde fueron las amigas?
2 ¿Por qué los clientes estaban haciendo cola?
3 ¿Estaban un poco enfadados?
4 ¿Dónde estaba la empleada?
5 ¿Qué le preguntó a Ann?
6 ¿Qué le respondió Ann?

7 ¿Qué le preguntó a Ann luego?

8 ¿Qué le respondió Ann?

9 ¿Qué dijo la empleada cuando vio la foto de Ann?

10 ¿Qué tuvo Ann que hacer luego?

11 ¿Fué cambiado su dinero en francos franceses?

Conversación 1

1 ¿Qué puedes hacer si un libro está cerrado?

2 ¿Qué puedes hacer si está abierto?

3 ¿Qué no puedes hacer si tienes los ojos cerrados?

4 ¿Qué no puedes hacer si tienes la boca cerrada?

5 ¿Qué puedes hacer si tienes una radio?

6 ¿Para qué sirve un lápiz?

7 ¿Para qué sirve el dinero?

8 ¿Qué usamos para comer y beber?

9 ¿Dónde se habla alemán?

10 ¿Dónde se habla italiano?

Conversación 2

Ayer por la tarde cuando llegué a casa, había tres personas en el cuarto de estar; mi esposa, su hermana y mi hijo menor.

Mi esposa estaba leyendo, su hermana estaba escuchando un disco, y mi hijo menor estaba jugando con el gato detrás del sofá. El perro también estaba allí. Estaba durmiendo a los pies de mi esposa.

1 ¿Cuántas personas había en tu casa cuando llegaste ayer?

2 ¿En qué habitaciones estaban?

3 ¿Dónde estaban sentados?

4 ¿Qué estaba haciendo cada persona?

Forma diez oraciones:

A María A mi padre Al turista A la secretaria	le gustan muchísimo	las películas. los programas. ?

Composición

'Mi madre es más alta y rubia que yo y tiene el pelo más corto. Tiene además los ojos morenos.'

Usando este modelo, describe a tres personas de tu familia o a tres amigos.

7 *siete*

Después de salir del banco fueron al mercado a comprar frutas.

'¡Buenos días, señora y señoritas!' les dijo el vendedor, sonriendo.

'¡Buenos días, señor!' le contestaron ellas. '¿Cómo está Vd.?'

'Muy bien, gracias. ¿Y Vds.?'

'Muy bien, gracias,' le contestaron todas.

'Me gustaría comprar dos melones,' dijo la señora de Martínez, 'un cuarto de kilo de fresas **(B)** y medio kilo de tomates, por favor.'

El frutero pesó la fruta y la metió en la cesta de la señora **(A)**.

'¿Quiere Vd. algo más?' le preguntó el frutero.

'Sí, señor,' contestó la señora de Martínez, 'me gustaría también un racimo de uvas y algunos plátanos, por favor.' '¡Muchísimas gracias!'

'¡De nada, señora!' dijo el vendedor. '¡Adiós!'

Preguntas

1 ¿Qué hicieron después de salir del banco?
2 ¿Para qué fueron allí?
3 ¿Qué es un vendedor?
4 ¿Qué hacen un carnicero y un panadero?
5 ¿Qué quiere decir 'contestaron'?
6 ¿Qué compró la señora de Martínez?

unas fresas

14

7 ¿Qué hizo el vendedor cuando pesó la fruta?

8 ¿Cuántos gramos hay en un cuarto de kilo?

9 ¿Sabes otra manera de decir quinientos gramos?

10 ¿Qué es un frutero?

11 ¿Qué es una frutería?

12 ¿Qué es una panadería?

Conversación 1

1 La última vez que fuiste a la frutería, ¿qué compraste?

2 ¿Qué pediste al frutero?

3 ¿Qué hizo él?

4 ¿Qué le diste?

5 ¿Qué te entregó?

6 ¿Qué dijiste antes de salir?

Conversación 2

Mi cuaderno está aquí. El tuyo está ahí.
El de Rosario está allí, cerca de ella.
El de Francisco está allí, cerca de él.

1 ¿Dónde está mi cuaderno?

2 ¿Dónde está el tuyo?

3 ¿Dónde está el de Rosario?

4 ¿Dónde está el de Francisco?

5 ¿Cuál de los cuadernos está allí?

6 ¿Cuál de los cuadernos está aquí?

7 ¿Cuál de los cuadernos está ahí? ¿El mío o el tuyo?

Mi regla está aquí. La tuya está ahí.
La de Conchita está allí, cerca de ella.
La de Alejandro está allí, cerca de él.

8 ¿Dónde está mi regla?

9 ¿Dónde está la tuya?

10 ¿Dónde está la de Conchita?

11 ¿Dónde está la de Alejandro?

12 ¿Cuál de las reglas está allí?

13 ¿Cuál de las reglas está aquí?

14 ¿Cuál de las reglas está ahí? ¿La mía o la tuya?

15

Al pasar delante del estanco **(A)**, decidieron entrar a comprar tabaco para el abuelo de Juanita. Ann vio algunas postales. Escogió una muy bonita con hermosos colores. Era una vista de la Plaza Mayor de Madrid **(B)**.

'¡Buenos días, señora!' dijo a la vendedora.

'Me gustaría comprar esta postal, por favor. ¿Cuánto vale?'

'Ocho pesetas,' le contestó la señora.

'¿Ocho pesetas? Es muy barata. Cuestan muy poco,' dijo Ann.

Ann le dio el dinero a la vendedora y ella le entregó la postal.

'Ahora, tengo que ir a correos porque necesito sellos,' dijo Ann.

'No es necesario, porque se venden aquí en el estanco. Pero tengo sellos en casa,' dijo Juanita. 'Puedes escribir la postal al volver a casa, y echarla al buzón que está en la esquina cerca de nuestra casa.' **(C)**

Preguntas

1 ¿Qué decidieron hacer al pasar delante del estanco?

2 ¿Qué se vende en un estanco?

3 ¿Para quién era el tabaco?

4 ¿Qué vio Ann?

5 ¿Por qué escogió una?

6 ¿Qué vista había en ella?

7 ¿Qué dijo Ann a la vendedora?

8 ¿Qué le preguntó luego?

9 ¿Qué le contestó la vendedora?

16

10 ¿Qué pasó luego?

11 ¿Dónde se venden sellos allí en España?

12 ¿Dónde se venden aquí en Inglaterra?

13 ¿Qué es un buzón?

14 ¿Dónde estaba el buzón de que habló Juanita?

Conversación

1 ¿Qué tiempo hace hoy?

2 ¿Qué tiempo hacía ayer?

3 Cuando eras niño, ¿sabías andar en bicicleta y conducir un coche?

4 Cuando eras niño, ¿querías ser más grande o más pequeño?

5 ¿Querías ir al colegio o quedarte en casa?

6 ¿Qué juguetes tenías?

7 ¿Cuántos años tenías hace diez años?

8 ¿Qué sabías hacer cuando tenías ocho años?

9 ¿Qué no sabías hacer?

10 ¿Podías alcanzar las ramas de un árbol cuando tenías un año?

11 ¿Podías levantar la cabeza y levantar un sillón en aquellos días?

12 ¿Sabías hablar mucho o poco?

Forma doce oraciones:

| Mi amigo El señor Castillo Conchita Su hermana | cogió las | cartas cucharas flores botellas naranjas | y las | puso sobre | ? |
| | | | | metió en | ? |

Pronuncia los números y escríbelos:

35. 46. 57. 68. 79. 81. 92. 100. 101. 102.
150. 250. 350. 450. 148. 15. 215. 500. 515.

Composición

Mira la primera conversación del capítulo número 5 y describe una visita a una tienda.

9 *nueve*

 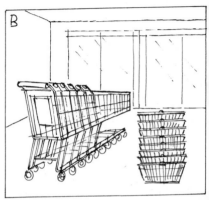

Al salir del estanco, cruzaron la calle y entraron en el supermercado. Ann vio que era más grande y más moderno que las otras tiendas. El supermercado era la tienda más grande del barrio, ('barrio' quiere decir una parte de una ciudad o pueblo) y las otras tiendas eran más pequeñas y más antiguas.

Cerca de la entrada había una línea de carritos y un montón de cestas **(B)**. Los carritos y las cestas estaban vacías. En esta clase de tienda los clientes cogen un carrito y pueden ir escogiendo las cosas que están en los estantes.

Preguntas

1 ¿Qué hicieron después de salir del estanco?
2 ¿Cómo era el supermercado?
3 ¿Era más pequeño que la panadería?
4 ¿Cómo eran las otras tiendas?
5 ¿Qué es un barrio?
6 Da un ejemplo de un barrio de Londres.
7 ¿Qué había cerca de la entrada del supermercado?
8 ¿Para qué son los carritos?
9 ¿Estaban llenos los carritos? ¿Y las cestas?
10 ¿Qué hacen los clientes en un supermercado?

Conversación

Mis libros están aquí. Los tuyos están ahí.
Los de Mercedes están allí cerca de ella.
Los de Dámaso están allí, cerca de él.

1 ¿Dónde están mis libros?
2 ¿Dónde están los tuyos?
3 ¿Dónde están los de Mercedes?
4 ¿Dónde están los de Dámaso?
5 ¿Qué libros están allí?
6 ¿Qué libros están aquí?
7 ¿Qué libros están ahí? ¿Los míos o los tuyos?

Mis cosas están aquí. Las tuyas están ahí.
Las de Pepa están allí, cerca de ella.
Las de Enrique están allí, cerca de él.

8 ¿Dónde están mis cosas?
9 ¿Dónde están las tuyas?
10 ¿Dónde están las de Pepa?
11 ¿Dónde están las de Enrique?
12 ¿Qué cosas están allí?
13 ¿Qué cosas están aquí?
14 ¿Qué cosas están ahí? ¿Las mías o las tuyas?

Forma doce oraciones:

| Mi madre
Tu criada
El abuelo de Lola | cogió los | juguetes
pijamas
cuchillos
mapas | y los | puso sobre

metió en | ? |

Pronuncia los números y escríbelos:

175. 275. 375. 400. 500. 625. 725. 825. 00.
999.
100. 200. 514. 715. 750. 101. 111. 21

19

10 *diez*

Al entrar en el supermercado, la señora cogió un carrito (**A**). Por todas partes, a la izquierda y a la derecha, había montones de cajas de toda clase y tamaño; grandes cajas de cartón y pequeñas cajas de plástico; pequeñas latas de sardinas y grandes latas de aceite. ('Aceite' quiere decir *cooking oil*.) Había también botellas de vino y cerveza, paquetes de arroz (*rice*), harina (*flour*), y pastillas de jabón. Había además lámparas eléctricas.

Algunos minutos más tarde el carrito de la señora estaba lleno, y tuvieron que coger otro vacío (**B**). Cerca de la salida tuvieron que hacer cola y pagar. La cajera dio el ticket a nuestras amigas, cogió el dinero y les dio el cambio. Vaciaron los carritos y llenaron las cestas (C).

Al salir del supermercado tenían muchas cosas, pero poco dinero. Son muy contentas. ¡Qué alegría! ¡A las mujeres les gusta gastar

Pre...
1 ...
2 ¿...
3 D... de cajas había?
4 Da... latas había?
... de una cerveza inglesa.
...arina y arroz que se venden aquí también.

5 ¿Qué carrito se llenó primero, el de Ann?
6 ¿Qué tuvieron que hacer?
7 ¿Qué quiere decir 'hacer cola'?
8 ¿Dónde encontraron los carritos?
9 ¿Dónde los dejaron?
10 Describe lo que pasó cuando pagaron.
11 ¿Qué hicieron antes de salir?

Conversación

Este lápiz aquí es rojo. Ese lápiz ahí es amarillo.
Aquel lápiz allí es azul.

1 ¿De qué color es este lápiz aquí?
2 ¿De qué color es ese lápiz ahí?
3 ¿De qué color es aquel lápiz allí?
4 Describe los tres lápices.
5 ¿Cuál de los lápices es rojo? ¿Éste, ése o aquél?
6 ¿Cuál de los lápices es azul?
7 ¿Cuál de los lápices es amarillo?

Esta caja es roja. Esa caja es amarilla.
Aquella caja es azul.

8 ¿De qué color es esta caja aquí?
9 ¿De qué color es esa caja ahí?
10 ¿De qué color es aquella caja allí?
11 Describe las tres cajas.
12 ¿Cuál de las cajas es amarilla? ¿Ésta, ésa o aquélla?
13 ¿Cuál de las cajas es roja?
14 ¿Cuál de las cajas es azul?

Composición
(a) Haz una lista de cinco cosas que sabes hacer y cinco cosas que no sabes hacer. Por ejemplo: 'Sé leer el español pero no sé leer el alemán.' Escribe cinco oraciones en total.
(b) Explica lo que es una recepcionista, un mecánico, un carnicero, un frutero, una dependienta, un camarero, una mecanógrafa, un obrero, una secretaria y una criada. Por ejemplo: 'Un médico es un hombre que trabaja en un hospital.' Escribe diez oraciones en total.

11

once

Las tres cestas pesaban mucho. La de la señora era la más pesada de las tres, la de Juanita era más ligera y la de Ann era la más ligera de todas **(A)**. Casi no podían levantarlas porque estaban muy cansadas.

Las tres tenían sed y querían beber algo; y Juanita, que siempre tenía hambre, tambíen quería comer **(B)**. Dijo: 'Tengo que comer algo, mamá. Vamos al café a tomar algo. Telefonéa a papá para ver si puede venir en el coche a ayudarnos con las cestas.' 'Sí, claro, podemos descansar mientras esperamos.' Fueron al café y las chicas se sentaron en una mesa.

Preguntas

1 ¿Qué cesta era la más pesada?
2 ¿Qué cesta era la más ligera?
3 ¿La de Ann era más o menos ligera que la de Juanita?
4 ¿Por qué no podían levantar las cestas?
5 ¿Qué querían hacer todas?
6 ¿Qué quería hacer también Juanita?
7 ¿Qué le dijo Juanita a su madre?
8 ¿Para qué quería telefonear la señora?
9 ¿Qué dijo que podían hacer?
10 ¿Qué pasó luego?
11 ¿Cuándo queremos beber algo?
12 ¿Cuándo queremos comer?
13 ¿Cuándo queremos descansar?

Conversación

Estos lápices son rojos, esos lápices son amarillos y aquellos lápices son azules.

1 ¿De qué color son estos lápices?
2 ¿De qué color son esos lápices?

3 ¿De qué color son aquellos lápices?

4 Describe los lápices.

5 ¿Qué lápices son rojos? ¿Éstos, ésos o aquéllos?

6 ¿Qué lápices son azules?

7 ¿Qué lápices son amarillos?

Estas cajas son rojas, esas cajas son amarillas y aquellas cajas son azules.

8 ¿De qué color son estas cajas?

9 ¿De qué color son esas cajas?

10 ¿De qué color son aquellas cajas?

11 Describe las cajas.

12 ¿Qué cajas son amarillas? ¿Éstas, ésas o aquéllas?

13 ¿Qué cajas son rojas?

14 ¿Qué cajas son azules?

¿Cuántas oraciones puedes formar?

El supermercado La frutería La panadería El estanco	es la tienda más	barata moderna cara antigua	del	barrio. pueblo.
			de la	ciudad. región.

Pronuncia los números y escríbelos:

1.   10.   100.   1000.   225.   816.   328.   711.   417.   624.
531.   818.   429.   915.   319.   120.   12.   422.   514.   913.

Escribe al dictado del profesor:

El diálogo del capítulo 3 desde 'Decidió comprar' hasta 'en su cesta'.

¿Qué hora es?

1.25.   10.45.   3.35.   7.20.   6.55.
1.50.   4.05.   12.40.   5.30.   10.00.

12

doce

Mientras la señora telefoneaba a su marido, las dos chicas decidieron tomar una naranjada y una coca-cola y pidieron un café con leche para la señora. Tomaron también tres helados, uno de chocolate para Ann, uno de fresa para la señora y uno de vainilla para Juanita. Cuando el camarero se fue, un señor llamó a un chico. Le dijo: 'Limpia mis zapatos, que están muy sucios.' El chico era un limpiabotas. Sonreía mucho y enseñaba unos dientes muy blancos. A Ann le gustó muchísimo porque en su país no había limpiabotas.

Preguntas

1 ¿Qué hicieron las chicas mientras la señora telefoneaba?
2 ¿Qué bebidas tomaron?
3 ¿Qué comieron con las bebidas?
4 ¿Cuál de los helados era de vainilla?
5 ¿Qué helado era de fresa?
6 ¿Qué pasó cuando el camarero se fue?
7 Describe al niño.
8 ¿Qué le hizo el chico al señor?
9 ¿Por qué le gustó a Ann?
10 ¿Qué es un camarero?
11 ¿De qué color es un helado de vainilla?
12 ¿De qué color es un helado de chocolate?

Conversación

1 ¿Eres más o menos gordo que tu padre?
2 ¿Eres más o menos delgado que tu madre?
3 ¿Quién es más alto y más gordo, tu madre o tú?

4 ¿Cuál es la persona más gorda de la familia?
5 ¿Cuál es el alumno más bajo de la clase?
6 ¿Estás más cansado por la mañana o por la tarde?
7 ¿Qué quieres hacer cuando tienes sed?
8 ¿Qué quieres hacer cuando estás cansado?
9 ¿Qué hacen un camarero, una cajera y un limpiabotas?
10 ¿Dónde trabajan?

Forma doce oraciones:

A los niños		jugar al tenis.
A las mujeres	les gusta muchísimo	ir al cine.
A mis padres		estar en el campo.
A mis amigos		?

Escribe al dictado del profesor o de un amigo:
El diálogo del capítulo 6 desde 'Me gustaría cambiar' hasta 'dijo la inglesa'.

¿Qué diferencia hay entre:

1 una casa y un piso?
2 un jardín y un parque?
3 un árbol y una flor?
4 un pueblo y una ciudad?
5 una silla y un sillón?

6 un colegio y una escuela?
7 un libro y un cuaderno?
8 un hombre y un chico?
9 un profesor y un alumno?
10 una tiza y un bolígrafo?

Ejercicio
Tienes que ir de compras. Haz una lista de las tiendas que vas a visitar y las cosas que necesitas en cada una.

Composición
'Ayer decidí ir de compras para ayudar a mi madre.' Usando la lista de arriba describe lo que hiciste, lo que compraste y la gente con quien hablaste. Escribe un diálogo pequeño en la composición.

13 trece

Mientras el chico trabajaba con cepillo y betún, Ann miraba a los otros clientes del café. A un lado había un joven con su novia, hablando en voz baja. El estaba diciendo algo que le gustaba a la chica porque ella se reía. Al otro lado un señor y su esposa hablaban en voz alta. Ella estaba muy enfadada con él porque bebía demasiado. Debajo de la mesa había muchas botellas vacías. En una mesa cerca de ellos había un hombre que escribía una postal mientras fumaba un cigarillo.

Preguntas
1 ¿Qué quiere decir la palabra 'mientras'?
2 ¿De qué chico se habla aquí?
3 ¿Para que sirve el betún?
4 ¿De qué color es el betún por lo general?
5 ¿Qué trabajo hacía el niño?
6 ¿Qué es un cliente?
7 ¿Qué hacían el joven y su novia?
8 ¿Cómo sabemos que decía algo que le gustaba?
9 ¿Por qué hablaba la señora en voz alta?
10 ¿De qué manera hablaba el joven?
11 ¿Estaban llenas las botellas de la otra mesa?
12 ¿Qué hacía el otro hombre mientras fumaba?

Conversación

Este bolígrafo es mío. Ese bolígrafo es tuyo.
Aquél bolígrafo es de Carlos. Es suyo.

1 ¿Cuál de los bolígrafos es mío?
2 ¿Cuál de los bolígrafos es tuyo?
3 ¿Cuál de los bolígrafos es de Carlos?
4 ¿De quién es este bolígrafo?
5 ¿De quién es ése?
6 ¿De quién es aquél?

Esta regla es mía. Esa regla es tuya.
Aquella regla es de Victoria. Es suya.

7 ¿Cuál de las reglas es mía?
8 ¿Cuál de las reglas es tuya?
9 ¿Cuál de las reglas es de Victoria?
10 ¿De quién es esta regla?
11 ¿De quién es ésa?
12 ¿De quién es aquélla?

Forma oraciones:

Ayer Anteayer Anoche	el médico la enfermera la dependienta el obrero	leyó trabajó estudió durmió	?	horas.

Escribe al dictado del profesor o de un amigo:

El diálogo del capítulo 7 desde '¡Buenos días, señora!' hasta '¡Adiós!'

¿Qué diferencia hay entre:

1 un médico y una enfermera?
2 una fábrica y una tienda?
3 una mecanógrafa y una dependienta?
4 un café y un hotel?
5 un café con leche y un café solo?
6 un coche y un autobús?
7 un periódico y un libro?
8 un tenedor y un cuchillo?
9 una taza y un vaso?
10 un plato y un platillo?

14 *catorce*

Un grupo de jóvenes miraban a las chicas que pasaban delante del café y que cruzaban la calle. Otros clientes comían y bebían. Un señor muy viejo dormía con la boca abierta y una señora de mediana edad leía la revista española—*¡Holà!* Al otro lado de la calle se veía un grupo de niños que corrían y jugaban con una pelota. Estaban muy contentos.

Cuando el limpiabotas terminó con los zapatos del señor, quedaron muy brillantes. El le dio una moneda al chico, que se fue corriendo.

Preguntas
1 ¿Qué hacían los jovenes?
2 ¿A qué chicas miraban?
3 ¿Qué hacían los otros clientes?
4 ¿Qué hacía el señor viejo?
5 ¿Tenía la boca cerrada?
6 ¿Qué leía la otra señora?
7 ¿Era joven o vieja?
8 ¿Qué hacía el grupo de niños?
9 ¿Dónde estaban?
10 ¿Qué pasó al terminar el limpiabotas?

28

Conversación

Cuando eras niño y tenías tres o cuatro años . . .

1 ¿Jugabas mucho o trabajabas mucho?
2 ¿Con qué jugabas?
3 ¿Con quién jugabas?
4 ¿Hablabas inglés y español?
5 ¿Sabías leer y escribir?
6 ¿Qué te gustaba comer y beber?
7 ¿Bebías leche y fumabas cigarrillos?
8 ¿Qué llevabas?
9 ¿Cuántas horas dormías?
10 ¿Ibas a un colegio o una escuela, o te quedabas en casa?
11 ¿Ibas al parque solo o con tu madre?
12 ¿Eras un niño alegre o triste?
13 ¿Te reías más o menos que ahora?
14 ¿Ayudabas a tu madre en la cocina más o menos que ahora?
15 ¿Qué le ayudabas a hacer?
16 ¿Qué le ayudas a hacer ahora?

Forma cinco oraciones con cada tabla:

Por lo general bebemos	café té coca-cola gaseosa	pero ayer bebimos	agua. leche. whiskey. cerveza.

Por lo general llegamos	tarde en punto temprano a las cuatro	pero ayer llegamos	?

Ejercicio

Usando estos modelos, escribe cinco oraciones con los verbos *despertarse, lavarse, jugar, meter, y coger.*

Composición

Escoge diez cosas y di lo que puedes hacer con ellas.
Por ejemplo: Si tengo un cuchillo puedo cortar el pan.

15 quince

Un poco más tarde, mientras tomaban las bebidas y los helados, el camarero les dio la cuenta. La señora la estaba pagando cuando llegó su marido. Paró el coche delante del café, bajó y les ayudó a subir con las cestas llenas de compras.

Al llegar a casa entraron todos en la cocina. Paca, la criada, y el señor Martínez ayudaron a la señora y a las chicas a sacar las compras y a ponerlas en la mesa. Había tantos montones de botellas, cajas, latas, y paquetes de toda clase y tamaño que Ann decidió preguntar por qué había tanto.

'Porque vamos a divertirnos,' dijo Manuel. 'Mañana por la tarde vamos a recibir a algunos amigos. Va a ser una reunión interesante.'

'Por eso compramos tantas cosas en las tiendas,' explicó Juanita.

Preguntas

1 ¿Qué hacían cuando el camarero les dio la cuenta?
2 ¿Cuándo llegó el señor?
3 ¿Qué hizo él al llegar?
4 ¿Cómo estaban las cestas?
5 ¿Adónde fueron cuando volvieron a casa?
6 ¿A qué ayudaron Paca y el señor a las otras?
7 ¿Dónde pusieron las compras?
8 ¿Qué decidió hacer Ann?
9 ¿Es una pastilla de jabón una cosa grande o pequeña?
10 ¿De qué tamaño es un avión?
11 ¿De qué tamaño es una lata de sardinas?
12 ¿Qué quiere decir 'divertirse'?
13 ¿Qué dijo Manuel que iban a hacer?
14 ¿A quién iban a recibir?

Conversación

Estos cuadernos son míos. Esos cuadernos son tuyos.

Aquellos cuadernos son de Dolores. Son suyos.

1 ¿Qué cuadernos son míos?
2 ¿Qué cuadernos son tuyos?
3 ¿Qué cuadernos son de Dolores?
4 ¿De quién son estos bolígrafos?
5 ¿De quién son ésos?
6 ¿De quién son aquéllos?

Estas cosas son mías. Esas cosas son tuyas.
Aquellas cosas son de Felipe. Son suyas.

7 ¿Qué cosas son mías?
8 ¿Qué cosas son tuyas?
9 ¿Qué cosas son de Felipe?
10 ¿De quién son estas cosas?
11 ¿De quién son ésas?
12 ¿De quién son aquéllas?

Forma oraciones:

	invité		
El año pasado	llamé		
El mes pasado	vi	a	todos mis amigos.
La semana pasada	visité		todas mis amigas.
Hace tres días	ayudé		
	escribí		

Dictado
El diálogo del capítulo 8 desde '¡Buenos días!' hasta 'dijo Ann'.

¿ Qué diferencia hay entre:
1 un perro y un pájaro?
2 una lechuga y un plátano?
3 un tomate y una manzana?
4 un dormitorio y un cuarto de estar?
5 un cuarto de baño y una cocina?
6 una chica rubia y una chica morena?
7 una maleta y un bolso?
8 una tetera y una cafetera?
9 un azucarero y un jarro?
10 un calendario y un horario?

16 dieciséis

Durante todo el día, Manuel hizo muchas llamadas por teléfono.
Invitó a muchos amigos y amigas, y les invitó a llevar una botella
de cerveza o sidra, y algunos discos. Manuel tenía un tocadiscos
estereo muy bueno y una gran colección de discos de música clásica y
moderna. Llamó a un amigo que era estudiante en la universidad.
Le invitó a llevar su guitarra y llevar también a su novia, a quien le
gustaba cantar canciones folklóricas.

Preguntas
1 ¿Qué hizo Manuel durante todo el día?
2 ¿A quién llamó?
3 ¿Qué les invitó a hacer?
4 ¿Cómo era la colección de discos de
   Manuel?
5 ¿Cómo era el tocadiscos de Manuel?
6 ¿Dónde estudiaba el amigo que sabía
   tocar la guitarra?
7 ¿Qué es una novia?
8 ¿Qué le gustaba cantar a esta chica?

Conversación 1
1 ¿Cómo ayudas a tu madre en casa?
2 ¿Qué habitaciones le ayudas a limpiar?
3 ¿Cómo le ayudas cuando va de compras?
4 ¿De qué tamaño son las habitaciones de tu casa o tu piso?
5 ¿Tienes un tocadiscos o una colección de discos?
6 ¿Tienes otra colección?
7 ¿De qué?
8 ¿Sabes tocar la guitarra u otro instrumento músico?
9 ¿Qué instrumento prefieres?
10 ¿Qué clase de música te gusta más?

Conversación 2
Hace diez años, mi familia y yo vivíamos en el campo, donde
teníamos una casa pequeña entre los árboles.

Todos los sábados íbamos al mercado donde comprábamos la comida para la semana siguiente.

Todos los domingos íbamos a la iglesia en la aldea.

No veíamos a muchas personas durante la semana, porque estábamos lejos del pueblo.

Todas las tardes jugábamos en el cuarto de estar.

Nos acostábamos temprano porque nos levantábamos temprano por la mañana.

1 ¿Dónde vivían Vds. hace diez años?
2 ¿Qué clase de casa tenían Vds.?
3 ¿Adónde iban Vds. los sábados, a un mercado o a las tiendas?
4 ¿Iban a la iglesia los domingos, o se quedaban en casa?
5 ¿Veían Vds. a mucha gente o a poca?
6 ¿Estaban cerca o lejos del pueblo?
7 ¿Qué hacían Vds. todas las tardes?
8 ¿Se acostaban tarde o temprano por lo general?

Forma cinco oraciones con cada tabla:

Por lo general comemos	ensalada queso aceitunas	pero ayer comimos	jamón. pasteles. arroz.

Por lo general vamos	al cine al parque a la piscina	pero ayer fuimos	?

Ejercicio
Usando estos modelos y los del capítulo 14, escribe cinco oraciones con los verbos, 'comprar, ver, acostarse, leer y preparar.'

Composición
Un día en la vida de dos chicas y lo que hicieron.

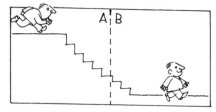

A Pepe va a bajar la escalera.
B Ahora ha bajado la escalera.

C Va a cruzar la calle.
D Ahora ha cruzado la calle.

E Va a comprar un paraguas.
F Ha comprado uno.

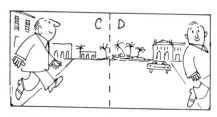

G Pepe va a abrir el paraguas.
H Lo ha abierto.

J Va a cerrar el paraguas.
K Lo ha cerrado.

L Va a llegar a casa.
M Ha llegado.

N Va a subir la escalera.
O La ha subido.

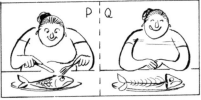

P Clara va a comer un pescado.
Q Lo ha comido.

R Va a beber una taza de té.
S La ha bebido.

Preguntas

1 ¿Qué va a hacer Pepe en el dibujo A?
2 ¿Qué ha hecho en el dibujo B?
3 ¿Qué va a hacer en el dibujo C?
4 ¿Qué ha hecho en el dibujo D?
5 ¿Qué ha hecho en el dibujo F?
6 ¿Qué ha hecho Pepe en los dibujos H y K?
7 ¿Qué ha hecho en los dibujos M y O?
8 ¿Qué ha hecho Clara en los dibujos Q y S?

Conversación

Profesor: He salido de mi sitio, he ido a la puerta y la he abierto.
(*A un alumno*): Dámaso, sal de tu sitio, vete a la puerta
y ábrela. ¿Qué has hecho?

Alumno: He salido de mi sitio, he ido a la puerta y la he abierto.

Profesor: (*A otra alumna*): Rosa, mira en el corredor, cierra la puerta
y vuelve a tu sitio.
¿Qué has hecho?

Alumna: He mirado en el corredor, he cerrado ...., *etc.*

Profesor: (*A otro alumno*): Juan, abre tu libro, escoge una oración,
léela y luego cierra el libro.
¿Qué has hecho?

Alumno: He abierto mi libro, he escogido ...., *etc.*

18 dieciocho

Al día siguiente, cuando Ann bajó al comedor, hablaban todos de la reunión y hacían los preparativos. Juanita preguntó a Manuel, 'Has invitado a todos los amigos?'

'Sí, he llamado a los que tienen teléfono, y he escrito a los otros. Lo hice hace tres días. Algunos han dicho que no pueden venir, pero espero a treinta, más o menos.'

'¿Qué ha hecho Paca?' preguntó Manuel.

'Ha limpiado toda la casa,' contestó Juanita. 'Se levantó muy temprano esta mañana. Mamá y yo hemos preparado la comida. Hemos abierto todos los paquetes y cajas que compramos y hemos puesto la comida en la mesa de la cocina. Papá también ha ayudado. Ha comprado las bebidas que necesitamos. Ahora tenemos gaseosa, diferentes zumos, jerez y algunos sidras. Los invitados también van a llevar algunas botellas de cerveza y vino. Mamá y Paca han hecho muchos platos riquísimos, algunos con aceitunas, otros con queso, jamón, pasteles y caramelos.'

'Vas a encontrarte con muchos españoles, Ann, y vas a aprender mucho. Tienes que hablar con todo el mundo,' dijo la señora.

'Sí,' contestó la chica. 'Quiero hablar mucho porque es imposible aprender a hablar sin practicar. Afortunadamente me gusta hablar español.'

36

Preguntas

1 ¿De qué hablaban al bajar Ann?
2 ¿Qué hacían?
3 ¿Dónde estaban?
4 ¿A quién preguntó Juanita?
5 ¿A quién llamó Manuel?
6 ¿Cuándo escribió a los otros?
7 ¿A cuántos invitados esperaba?
8 ¿Quién es Paca?
9 ¿Qué hizo por la mañana?
10 ¿Cuándo se levantó?
11 ¿Qué hicieron la señora y Juanita?
12 ¿Dónde pusieron la comida?
13 ¿Qué hizo el señor para ayudarles?
14 ¿Qué iban a beber?
15 ¿Qué iban a llevar los invitados?
16 ¿Qué hicieron la señora y Paca?
17 ¿Por qué quiere Ann hablar mucho español?

Conversación

En esta lección hemos hablado español. Hemos practicado mucho.
Hemos estudiado mucho y hemos escrito en los cuadernos.

1 ¿Qué habéis hecho en esta lección?

El profesor ha hecho preguntas y los alumnos han respuesto.
Luego el profesor ha escrito en la pizarra y los alumnos han leído las
palabras y frases.

2 ¿Qué he hecho yo en esta lección?
3 ¿Qué habéis hecho vosotros?
4 ¿Cuántas páginas hemos estudiado en este libro?
5 ¿Te ha preguntado hoy el profesor?
6 ¿Qué le has dicho?
7 ¿Has escrito hoy un ejercicio o una carta?
8 ¿Ya has empezado y terminado este ejercicio?
9 ¿Qué has bebido hoy?
10 ¿Qué has comido hoy?

Composición

Lee los capítulos 9 y 10. Luego describe una visita al supermercado
con tu madre. Describe la tienda y las cosas que viste allí. Di lo
que compró tu madre y escribe un diálogo pequeño entre ella y la
cajera.

A las ocho de la tarde empezaron a llegar los invitados. Dos o tres llegaron muy temprano y tuvieron que esperar en el cuarto de estar. Pusieron un disco y lo escucharon hablando en voz baja.

'¿Por qué habéis llegado tan temprano?' les preguntó Manuel.

Le explicaron que había sólo dos trenes, uno que llegaba a las ocho, y otro que llegaba a las diez. Por eso tuvieron que coger el primero.

A las nueve llegaron los demás. Entraron riéndose y haciendo mucho ruido. Pronto había mucha gente y empezaron a bailar. Se separaron en grupos y en un rincón algunas chicas se sentaron alrededor de un chico que empezó a contar historias y chistes en voz alta. **(B)**

Preguntas

1 ¿Qué pasó a las ocho?
2 ¿Cuántos llegaron temprano?
3 ¿Qué tuvieron que hacer?
4 ¿Qué hicieron?
5 ¿Hicieron mucho ruido?
6 ¿Qué les preguntó Manuel?
7 ¿Qué le explicaron los invitados?
8 ¿Cuándo llegaban los trenes?
9 ¿Qué pasó a las nueve?
10 ¿Cómo sabemos que estaban contentos?
11 ¿Hablaban en voz baja?
12 ¿Qué empezaron a hacer?
13 ¿Qué pasó en un rincón?
14 ¿Qué empezó a hacer el chico?

C Aquí hay dos chicas. La que está a la izquierda se llama Jackie. Es escocesa. Es decir, vive en Escocia, en el norte de Gran Bretaña. La que está a la derecha se llama Blodwen. Es galesa. Es decir, vive en Gales, en el oeste de Gran Bretaña.

D Aquí hay algunos hombres. Los que están bailando son escoceses. Se llaman Jock y Gordon.
Los que están cantando y bebiendo son galeses. Se llaman Taffy Jones y Dai Roberts.

Conversación

1 ¿Cuál de las chicas vive en Escocia, la que está a la izquierda?
2 ¿Qué hombres se llaman Taffy y Dai, los que están bailando?
3 ¿Cuál de las chicas se llama Blodwen?
4 ¿Qué hombres son escoceses?
5 ¿De qué nacionalidad es Jackie?
6 ¿De qué nacionalidad son Taffy y Dai?

Ejercicio
Mira los dibujos en esta página y habla de lo que ves.

¿Qué hora es?
7.40.   12.15.   1.45.   4.20.   10.05.

Pronuncia las fechas y escríbelas:
15.iv.   11.viii.   16.xii.   14.i.   23.iii.

39

20
veinte

Al otro lado de la habitación Ann vio a un chico sentado en un sofà contra la pared, con un vaso en la mano. Le pareció a Ann muy simpático porque parecío un poco tímido. Miraba algunas veces al suelo y otras al techo. Ann se acercó al chico que al verla levantó la cabeza y le sonrió.

'¿De dónde es usted, señorita? Creo que es la primera vez que la he visto,' dijo el chico.

'Sí. Es verdad. Soy inglesa. Me llamo Ann. ¿Y usted?'

'Soy Roberto.' Siguió luego una conversación muy interesante.

Preguntas

1 ¿Dónde estaba el chico que vio Ann?
2 ¿Cómo sabemos que bebía algo?
3 ¿Estaba sentado en un sillón?
4 ¿Cómo le pareció a Ann?
5 ¿Por qué?
6 ¿Qué hacía?
7 ¿Qué hizo Ann?
8 ¿Cómo le respondió el chico?
9 ¿Qué le preguntó a Ann?
10 ¿Qué le dijo ella?
11 ¿Es verdad o mentira que era la primera vez que le había visto?
12 ¿Cómo se llamaba el chico?

Conversación

1 ¿Qué ha pasado en esta lección?
2 ¿A cuántos profesores has visto hoy?
3 ¿A quién no has visto hoy?
4 ¿Qué asignaturas has estudiado hoy?
5 ¿En qué libros has leído hoy?
6 ¿Cuántos ejercicios has escrito hoy?

7 ¿Qué cosas has sacado de tu pupitre hoy?

8 ¿Qué instrumentos has usado?

9 ¿Qué has comprado esta semana?

10 ¿Adónde has ido esta semana?

11 ¿Has jugado al fútbol o al hockey esta semana?

12 ¿Cuántas cartas has escrito hoy o esta semana?

Cuántas oraciones puedes formar en diez minutos?

Todos los miércoles	nos levantábamos temprano.
Cuando éramos niños	nos despertábamos tarde.
Algunas veces	íbamos a la plaza mayor.
De vez en cuando	jugábamos con los juguetes.
Todas la mañanas	veíamos a los turistas que pasaban.
Los fines de semana	visitábamos a la abuela.

¿Qué diferencia hay entre:

1 una mujer y una chica?

2 un rincón y una esquina?

3 el otoño y la primavera?

4 el invierno y el verano?

5 el desayuno y la cena?

¿Qué se hace con:

1 un espejo?

2 un cepillo de dientes?

3 una toalla?

4 un peine?

5 una pastilla de jabón?

Pronuncia los precios y escríbelos:

25 pesetas, 50 pesetas, 100 pesetas, 150 pesetas, 250 pesetas.

Ejercicio de memoria

Lee el texto del capítulo 12 estudiándolo con un amigo. Luego completa estas oraciones sin mirar el texto:

1 Mientras la señora . . . . las dos chicas. . . . .

2 Tomaron también . . . .

3 Cuando el camarero se fue . . . .

4 Le dijo . . . .

5 El chico . . . .

Composición

Da una lista de cinco cosas que has hecho y cinco cosas que no has hecho en la vida.

21 *veintiuno*

Durante la conversación Ann aprendió mucho de la vida de Roberto.
Nació en Madrid y poco después, cuando era muy pequeño, su padre
murió en un accidente. Su madre tuvo que vender su casa, que era
bastante grande, y compró una casa más pequeña en el mismo barrio
que los Martínez y en la misma calle. La casa de Roberto estaba
al lado de la de Manuel, es decir que los Pérez eran vecinos de los
Martínez.

'¿Qué profesión tiene Vd.?' preguntó Ann.

'Soy estudiante. Quiero ser dentista,' dijo el joven.

Preguntas 1

1 ¿Dónde nació Roberto?
2 ¿Qué pasó cuando era pequeño?
3 ¿Cómo murió su padre?
4 ¿Por qué tuvo su madre que vender la casa?
5 ¿Cómo era la otra casa?
6 ¿Estaba la casa en un barrio distinto del de los Martínez?
7 ¿Estaba en una calle distinta?
8 ¿Qué es un vecino?
9 ¿Quiénes eran vecinos de la familia de Roberto?
10 ¿Qué quería hacer Roberto en la vida?

42

A Estas chicas estudian en la biblioteca y aquéllas juegan con una pelota en el parque.

B Este chico va en bicicleta y aquél va en coche.
Este va despacio y aquél va de prisa.

Preguntas 2

1 ¿Qué chicas están cerca de nosotros en el dibujo?
2 ¿Qué chicas están lejos de nosotros?
3 ¿Cuál de los chicos está cerca de nosotros?
4 ¿Cuál está lejos?
5 ¿Cuál de ellos va de prisa?
6 ¿Cuál de ellos va despacio?

Ejercicio

¿Qué puedes decir sobre cada una de las personas que hay en los dibujos en esta página?

Forma oraciones:

El oficial	dijo	que ella	era de Guadalajara.
	sabía		se llamaba Rita Morales.
	creía		vivía en Méjico.
	pensaba		tenía tres hermanas.
			quería vivir en San Sebastián.

'¿Tiene Vd. algún pasatiempo favorito?' preguntó la inglesa a Roberto.

'Sí, me gusta mucho pintar.'

'Qué clase de pintura le gusta hacer? ¿Pinta Vd. al óleo o con acuarelas?'

'Pinto al óleo y prefiero hacer retratos. Me gusta la gente y la cara humana me interesa aún más. Los animales, las flores y los edificios son bastante interesantes pero prefiero las personas.'

'Pero es muy difícil pintar retratos, ¿verdad?'

'Sí, claro, pero si lo hago muy despacio y con gran paciencia, es bastante fácil. Si pinto de prisa lo hago mal.'

'Qué quiere decir "de prisa"?' preguntó Ann.

'Quiere decir "rápidamente",' explicó Roberto.

'Sí, ahora entiendo; gracias. Es que Vd. habla muy de prisa. Cuando habla despacio es más fácil entenderle.' dijo ella.

Roberto dijo sonriendo, 'No es necesario llamarme de "usted", ¿sabes? Somos buenos amigos ahora, ¿verdad? Puedes llamarme de "tú" cuando hables conmigo. Y prometo hablar despacio para ayudarte.'

Preguntas

1 ¿Qué hacía Roberto en su tiempo libre?
2 ¿Pintaba al óleo o con acuarelas?
3 ¿Qué prefería pintar?
4 ¿Qué le gustaban más, las personas o las cosas?
5 ¿Cómo pintaba Roberto?
6 ¿Qué le pasaba cuando pintaba de prisa?
7 ¿Es verdad o mentira que Ann creía que él hablaba despacio?

8 ¿Cuándo era más difícil entenderle?

9 ¿Qué prometió hacer para ayudarla?

10 ¿Qué aprendió Ann de la vida de Roberto en esta conversación?

11 ¿En el dibujo qué partes de la cara ha dibujado Roberto?

12 ¿Y qué partes del cuerpo ha hecho?

13 ¿Qué partes de la cara y del cuerpo no ha dibujado?

Conversación

1 ¿Dónde naciste?

2 ¿Hace cuántos años y cuántos meses naciste?

3 ¿Has pasado toda tu vida en este pueblo o sólo una parte de ella?

4 ¿Cuántos años has vivido en tu casa o en tu piso?

5 ¿Vives cerca del colegio?

6 ¿Tienes amigos que viven en la misma calle, o el mismo barrio?

7 ¿En que calle o en qué barrio vives?

8 ¿Tienes vecinos simpáticos o antipáticos?

9 ¿Cuál es tu pasatiempo favorito?

10 ¿Te gusta más dibujar o pintar?

11 ¿Tienes una caja de pinturas?

12 ¿Cuáles son los colores más importantes?

Forma oraciones:

Cuando íbamos de compras, siempre	dábamos entregábamos	el dinero	a la chica. a la cajera. a la vendedora.
			al ?

Ejercicio de memoria

Lee el texto del capítulo 13 estudiándolo con un amigo o solo.

Luego completa estas oraciones:

1 Mientras el chico . . . .   **4** Sobre la mesa había . . . .

2 A un lado había . . . .   **5** En una mesa cerca de ellos . . .

3 Al otro lado había . . . .

Composición

Usando las respuestas de los capítulos 18 y 19 describe una reunión con tus amigos. Escribe un diálogo entre ellos o ellas.

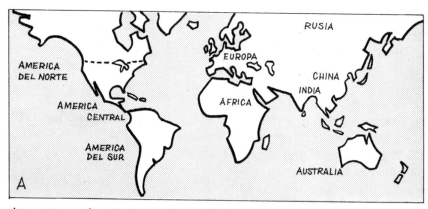

Ann preguntó a Roberto si era hijo único y le dijo que no, que tenía una hermana llamada Isabel.

'Ella tiene dos años menos que yo,' continuó Roberto. 'Ella tiene veinte años y yo tengo veintidós pero es más alta y fuerte que yo.'

Luego dijo que Isabel era azafata y que trabajaba para Iberia, la gran aerolínea española.

'Viaja a casi todos los continentes del mundo. Visita América del Norte, América del Sur y América Central. Va también a Asia, China, Rusia e India y algunos países de Africa. Cuando empezó a volar, iba sólo a países de Europa, pero más tarde hizo vuelos inter-continentales. Está un poco enfadada porque no ha visitado nunca Australia y le gustaría mucho ir allí.'

Preguntas 1
1 ¿Qué es un hijo único?
2 ¿Qué edad tenía Isabel?
3 ¿Cómo la describió Roberto?
4 ¿Qué son Iberia, Air France, Alitalia, Lufthansa y Panam?
5 ¿Cuáles son las otras grandes aerolíneas del mundo?
6 ¿Qué idiomas se hablan en los Estados Unidos y en América del Sur?
7 ¿Cuáles son los países más importantes de Asia?
8 ¿Adónde iba Isabel cuando empezó a volar?

9 ¿Qué vuelos hacía más tarde?

10 ¿Qué país no ha podido visitar hasta ahora?

Expresiones negativas

Cuando vuela a los Estados Unidos, Isabel visita a una familia americana, y cuando vuela a China visita a una familia china. Los americanos son muy ricos—es decir que tienen mucho dinero— y los chinos son muy pobres—es decir que tienen poco dinero.

Los americanos:
viven en una casa grande.
hablan inglés.
van al teatro frecuentemente.
tienen dos hijos.
viajan mucho.

En la familia americana:
nadie habla chino.
todos juegan al tenis.
todos fuman cigarrillos y puros.
todos leen los periódicos.
todos beben vino y alcohol.

Los chinos:
viven en un barco.
hablan inglés y chino.
no van nunca al teatro.
tienen seis hijas.
no viajan nunca.

En la familia china:
todos hablan chino e inglés.
nadie juega al tenis.
no fuma nadie.
no leen ni periódicos ni libros.
no beben ni vino ni alcohol.

Preguntas 2

1 ¿Cómo es la casa de los chinos?

2 ¿Hablan chino los americanos?

3 ¿Cuándo van al teatro los chinos?

4 ¿Cuántas hijas tienen los americanos?

5 ¿Los chinos viajan mucho o poco?

6 ¿Quién habla chino en la familia americana?

7 ¿Juegan al tenis los chinos?

8 ¿Quién fuma cigarrillos en la familia china?

9 ¿Quién lee periódicos y libros en la familia china?

10 ¿Quién bebe whiskey en la familia china?

'¿No tiene Isabel miedo de morir en un accidente?' preguntó Ann.
'No, no. Sólo piensa en la vida y nunca en la muerte. Isabel es una chica valiente, activa y fuerte. A ella le gustan los deportes ... sobre todo el tenis y el esquí. Le gusta también nadar en el mar y subir montañas. Cuando viaja, siempre lleva consigo en su maleta su traje de baño muy pequeño **(A)**, para tomar el sol en alguna playa tropical **(B)**, y sus botas muy grandes para subir montañas o esquiar **(C)**.'

¡Qué vida tan interesante! Y ¡qué chica!

Preguntas
1 ¿Qué le preguntó Ann a Roberto?
2 ¿Le respondió que sí?
3 ¿En qué piensa Isabel?
4 ¿Tiene miedo de morir en un avión?
5 ¿Qué deportes le gustan más a Isabel?
6 ¿Qué otras actividades le gusta hacer?
7 ¿Qué lleva consigo cuando hace un viaje?
8 ¿Cuándo se pone su traje de baño?
9 ¿Para qué sirven las botas?
10 ¿Qué hace una azafata?

Conversación

1 ¿Eres hijo único o hija única?
2 ¿Cuántos años tienen tus hermanos, más o menos que tú?
3 ¿Qué deporte te gusta sobre todo?
4 ¿Qué prefieres hacer, nadar o subir montañas?
5 ¿A qué continentes te gustaría ir?
6 ¿Cuando viajas ¿qué llevas contigo?
7 ¿Has nadado en el mar o subido alguna montaña?
8 ¿Dónde?
9 ¿Has viajado en un avión?
10 ¿Algunas veces, una vez, o nunca?
11 ¿Tuviste miedo la primera vez?
12 ¿Qué países has visitado?
13 ¿Ya has visitado España y Méjico?
14 ¿Ya has hablado con un español o un portugués?
15 ¿Qué crees es más fácil hacer, entender o hablar español?

Forma oraciones:

El oficial estaba mirando el pasaporte		entró el estudiante.
La secretaria estaba escribiendo una carta	cuando	oyó un ruido
La cliente estaba escogiendo un sombrero		llegó un coche.
La recepcionista estaba comiendo		llegaron los turistas.

Composición

Escoge a un vecino y pregúntale su nombre, dónde vive, su pasatiempo favorito, lo que le gusta hacer o ver por la televisión, si es hijo único, su deporte favorito, lo que le gusta llevar. Da una descripción de su cuerpo y su cara, y lo que le gustaría hacer en la vida, etc.

Luego escribe una composición sobre este vecino.

49

25 veinticinco

Roberto continuó hablando de sus amigos y de lo que querían hacer en la vida. Ann pensó que Roberto era muy simpático. Le gustó su manera de hablar y describir a sus amigos. Estaba claro que a él le gustaba conocer a mucha gente, y que pensaba mucho en ellos.

Luego tuvieron que callarse porque los amigos de Manuel iban a dar un concierto. El chico tocó la guitarra muy bien. Tenía unos dedos muy ágiles y su novia sabía cantar de una manera muy artística. Tenía una voz suave y expresiva. Cantaron canciones alegres de la vida y del amor, y cantaron también canciones tristes de la muerte y de la soledad.

Preguntas 1

1 ¿De qué continuó hablando Roberto?
2 ¿Qué pensó Ann de él?
3 ¿Qué le gustó en particular?
4 ¿Es verdad o mentira que conocía a mucha gente?
5 ¿En qué pensaba mucho?
6 ¿Podían continuar hablando?
7 ¿Por qué?
8 ¿Cómo tocó el guitarrista?
9 ¿Cómo cantó su novia?
10 ¿Cómo era su voz?
11 ¿Qué clase de música cantaron?
12 ¿Qué es lo contrario de 'alegre'? y ¿de 'la vida'?
13 ¿Qué es lo contrario de 'paciencia'?
14 ¿Qué es lo contrario de 'bien'?
15 ¿Qué es lo contrario de 'delgado'?

Durante una canción romántica, la mano de Roberto se encontró con los dedos de Ann, y se los apretó afectuosamente. Pasaron así (de esta manera) casi una hora y se sentían completamente felices. Después de escuchar la música todos los demás empezaron a hablar, a contar chistes y reírse. Roberto invitó a Ann a dar un paseo por las calles y salieron de la casa. Anduvieron despacio bajo la luz de la luna y pasearon por las callejuelas y plazuelas del barrio viejo de la ciudad.

Preguntas 2

1 ¿Qué pasó durante una de las canciones?
2 ¿De qué manera se los apretó Roberto?
3 ¿Cómo se sentían los jóvenes?
4 ¿Después de la música qué hicieron los otros?
5 ¿A qué invitó Roberto a Ann?
6 ¿Era de día o de noche cuando salieron?
7 ¿Había luna o hacía sol?
8 ¿Cómo eran las calles y las plazas?
9 ¿Crees que este barrio estaba lejos del centro de la ciudad?
10 ¿Por qué?

Diálogo. Practica con otro alumno, usando las palabras en la lista.

X. Hola, Paca. ¿Quieres dar un paseo conmigo?
Y. Sí, Antonio. ¿Cómo no? ¿Adónde quieres ir?
X. Vamos *al parque.*
   (*al centro, a la playa, a la plaza mayor, al barrio viejo.*)

Composición
Describe a tu abuelo o a tu abuela. ¿Cómo se llamaba? ¿Dónde vivía? ¿Cómo era? ¿Qué le gustaba beber, comer, decir, llevar? ¿Cuándo nació o murió? etc.

Bajaron por una de las callejuelas y entraron en una plazuela. Delante de una casa había una fuente y se sentaron en un banco pequeño que encontraron en un rincón. Ann escuchaba el ruido del agua y miraba las estrellas en el cielo cuando oyó una música muy suave. Las casas allí tenían balcones, y Ann vio a una chica sentada en uno de ellos. Al lado había otro balcón donde se veía a un chico tocando la guitarra. Casi no podían oírla porque el agua de la fuente hacía tanto ruido.

'No sabía que este país era tan romántico,' dijo Ann. '¿Se ve esto mucho aquí?'

'En el norte y el centro de España no tanto, pero en el sur es bastante frecuente,' dijo Roberto.

Preguntas
1 ¿Por dónde fueron los amigos?
2 ¿Dónde estaba la fuente?
3 ¿Dónde se sentaron?
4 ¿Qué hacía Ann cuando oyó la música?
5 ¿Dónde estaba la chica a quien vio Ann?
6 ¿Dónde estaba el chico?
7 ¿Qué hacía?

8 ¿Por qué Ann no podía oír bien la música?
9 ¿Se dan serenatas mucho en el norte de España?
10 ¿En qúe parte del país se ve bastante frecuentemente?

Diálogos. Practica con otro alumno usando otras palabras.
I
X. ¿Conoces a *Mari-Jesús* y a su *madre*?
Y. A *Mari-Jesús* la conozco, pero no conozco a su *madre*.

II
X. ¿Sabes dónde está mi *libro*?
Y. No sé. Creo que está en *el cuarto de estar*.
X. No. Allí no está. *Lo* dejé aquí hace *diez* minutos.

Forma doce oraciones con cada tabla:

Hace muchos años	cantábamos canciones alegres.
Cuando éramos jóvenes	jugábamos en la calle.
	tomábamos algo en el café.
Todos los fines de semana	tocábamos la guitarra.

Estábamos cantando una canción		empezó a llover.
Estábamos jugando en la calle		empezó a nevar.
Estábamos tomando algo en el café	cuando	llegaron los amigos.
Estábamos tocando la guitarra		vinieron los demás.

¿Qué diferencia hay entre:
1 un mostrador y un estante?
2 una carnicería y una panadería?
3 un medio kilo y un cuarto de kilo?
4 un amigo y un novio?
5 un frutero y un camarero?

¿Para qué sirve:
1 una nevera?
2 una lavadora eléctrica?
3 un borrador?
4 un bolígrafo?
5 una cuchara?

Pronuncia los precios y los pesos y escríbelos:
300 pesetas, 425 pesetas, 550 pesetas, 675 pesetas, 710 pesetas.
250 gramos, 500 gramos, 750 gramos, 100 gramos, 200 gramos.

27 *veintisiete*

Después de escuchar la serenata algunos minutos Ann empezó a tener frío. Roberto puso su brazo alrededor de ella y después de un rato dijo, 'Ann, tengo algo muy importante que decirte. Te quiero mucho y me gustaría ser tu novio.'

'Pero Roberto, no me conoces. Es muy poco tiempo,' respondió la chica. 'No he terminado mis estudios, no he visto el mundo, y no he trabajado ni ganado dinero. No he tenido bastante tiempo para hablarte de mi vida y no he podido decirte lo que pienso, lo que siento y lo que quiero hacer. No sé si quiero casarme tan pronto.

Además eres católico y yo protestante y la religión puede ser un problema.'

'Lo sé. Es verdad y estoy de acuerdo pero no es importante, porque siento algo por ti que no puede explicarse con palabras.' Diciendo esto la cogió en sus brazos y la cubrió la cara de besos.

Preguntas

1 ¿Qué le pasó a Ann después de algunos minutos?
2 ¿Qué hizo Roberto?
3 ¿Qué tenía que decirle a Ann?
4 ¿Es verdad o mentira que no se conocían bastante?
5 ¿Qué no había terminado Ann?
6 ¿Qué no había hecho en el mundo?
7 ¿De qué no le había hablado?
8 ¿Qué no había podido decirle?
9 ¿Qué no sabía?
10 ¿Tenían los dos la misma religión?
11 ¿Crees que esto es importante?
12 ¿Es importante estar de acuerdo sobre la religión?
13 ¿Estás de acuerdo con Ann o con Roberto?

14 ¿Qué dijo Roberto que sentía por Ann?
15 ¿Qué hizo por fin?

Conversación
Esta mañana me desperté, me levanté y me lavé.
A las 7.30 me había despertado, me había levantado, pero no me había lavado.
    1 Y tú, ¿qué habías hecho a las 7.30?
    2 Y ¿qué no habías hecho?
A las 8.00 había ido al cuarto de baño, había bajado la escalera, pero no había desayunado.
    3 Y tú, ¿qué habías hecho a las 8.00?
    4 Y ¿qué no habías hecho?
A las 8.30 había desayunado, había salido de la casa, pero no había llegado al colegio.
    5 Y tú, ¿qué habías hecho a las 8.30?
    6 Y ¿qué no habías hecho?
    7 Ayer, ¿qué habías hecho a las dos?
    8 Y ¿qué no habías hecho?
    9 Y a las seis ¿qué habías hecho?
    10 Y ¿qué no habías hecho?

Diálogo   En el estanco
X. Esta postal, ¿qué es?
Y. Es una vista de *Segovia*.
X. ¿Cuánto cuesta, por favor?
Y. *Diez* pesetas. Es barata.
X. Sí, es verdad. No cuesta mucho.

Ejercicio de memoria
Estudia el texto del capítulo 15. Luego completa las oraciones:
1 Un poco más tarde ....
2 La señora estaba pagando ....
3 Paró el coche ....
4 Al llegar a casa ....
5 Paca, la criada y el señor Martínez ....

Composición
¿Qué pasatiempos tenías cuando eras niño, y qué pasatiempos tienes ahora? Describe lo que hacías y lo que haces ahora.

28 *veintiocho*

Hablaron casi toda la noche y por fin, al amanecer, cuando la luz del sol empezaba a verse, decidieron continuar su amistad y esperar algún tiempo antes de anunciar algo.

'En abril puedes pasar las vacaciones de Semana Santa con mi familia,' dijo Ann. 'Y el año que viene puedo volver a España para conocer a tu madre y a tu hermana, Isabel.'

Le dijo que el día siguiente tenía que hacer un viaje al sur de España con la familia Martínez. Roberto también había aceptado una invitación para salir con algunos de sus amigos. Decidieron seguir con sus planes y se prometieron escribir muy frecuentemente.

Preguntas 1

1 ¿De qué manera pasaron la noche?
2 ¿Cuándo terminaron la conversación?
3 ¿Decidieron terminar su amistad?
4 ¿Qué iba a hacer Roberto en las vacaciones de Semana Santa?
5 ¿Qué iba a hacer Ann el año siguiente?
6 ¿Para hacer qué?
7 ¿Qué tenía que hacer Ann al día siguiente?
8 ¿Qué tenía que hacer Roberto?
9 ¿Qué decidieron hacer?
10 ¿Se prometieron casarse un día?

Volvieron a la casa de los Martínez y a la sombra, cerca de la gran puerta de entrada, se abrazaron por última vez. Ann sacó la llave que el señor Martínez le había dado, abrió la puerta, dijo 'Adiós' a su amigo y subió la escalera muy despacio. Después de lavarse y limpiarse los dientes, se echó en la cama pero no podía dormir. Tenía demasiadas cosas en que pensar.

Decidió por fin escribir un diario en español. Quería anotar todas las cosas bonitas que Roberto le había dicho porque no quería olvidarlas. Al decidir esto se durmió pronto.

Preguntas 2

1 ¿Adónde fueron luego?
2 ¿Qué pasó allí?
3 ¿Tuvo Ann que llamar a la puerta?
4 ¿Por qué no?
5 ¿Quién le había dado la llave?
6 ¿Entró por la puerta de servicio?
7 ¿De qué manera subió la escalera?
8 ¿Qué hizo antes de ir a su cuarto?
9 ¿Se durmió pronto?
10 ¿Por qué no podía dormir?
11 ¿Qué decidió hacer?
12 ¿Por qué le gustó la idea?

A El chico da un regalo a la chica.
B La chica da una corbata al chico.

1 ¿Qué hace el chico con el regalo? Se lo da a la chica.
2 ¿Qué hace la chica con la corbata? Se la da al chico.

C El chico da dos discos a su amiga.
D La chica da tres fotos a su amigo.

1 ¿Qué hace el chico con los discos? Se los da a su amiga.
2 ¿Qué hace la chica con las fotos? Se las da a su amigo.

29 veintinueve

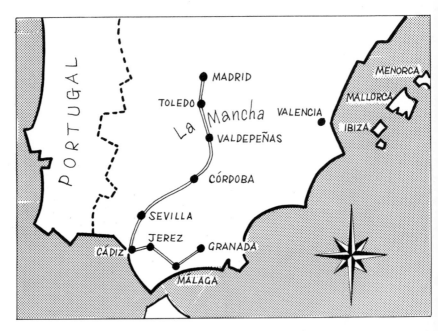

La familia durmió hasta las diez de la mañana y pasaron todo el día haciendo preparativos para el viaje a Andalucía. Ann se sentía triste porque no podía hablar con Roberto, pero al pensar en el viaje se puso alegre.

A las cinco de la tarde habían hecho las maletas. Paca había metido algunas bebidas en una caja. También había cortado el pan y preparado bocadillos [*sandwiches*] con una gran tortilla española (que se hace con huevos y patatas).

¿'A qué distancia está el pueblo adonde vamos?' preguntó Ann a Manuel. 'Es un viaje de unos trescientos cincuenta kilómetros,' le contestó. 'Mira este mapa. Aquí estamos en el sur de Madrid. Aquí está Jerez de la Frontera. La hacienda de mi tío está cerca de allí. No está muy lejos de Cádiz, que es un puerto muy importante. Esta línea negra que va de Madrid a Cádiz es la ruta que vamos a seguir. Se tardan seis o siete horas en llegar allí.'

Preguntas

1 ¿Qué pasó a las diez de la mañana?
2 ¿Cómo pasaron el día?
3 ¿Qué es Andalucía?
4 ¿Por qué Ann se sentía triste?
5 ¿Cuándo se puso alegre?
6 ¿Qué habían hecho a las cinco de la tarde?
7 ¿Qué había hecho Paca?
8 ¿Qué es una tortilla?
9 ¿Con qué se hace?
10 ¿Con qué se hace un bocadillo?
11 ¿A qué distancia estaba Cádiz?
12 ¿Qué es Cádiz?
13 ¿Dónde estaba la hacienda que iban a visitar?
14 ¿Qué se veía en el mapa?
15 ¿Cuánto tiempo se tarda en ir de Madrid a Jerez de la Frontera?

Diálogos   **En una tienda**

Rosita: ¿Te gusta *esta blusa blanca*?
Pepa: Sí, y no es muy *cara*. Solamente *trescientas* pesetas.
Rosita: Estoy de acuerdo. No es mucho.
      [*doscientos, trescientos, cuatrocientos, quinientos.*]

En la calle

Jorge: Es *un buen disco*, verdad?
María: Claro que sí. Es muy *bueno*, y también es *barato*.

Forma quince oraciones:

Tu	madre abuelo hermano criada	me dijo que habías	visto a mi secretaria. dicho eso. puesto los cubiertos. comprado las revistas.

Composición

Hace algunos días decidiste dar un paseo en la ciudad con un amigo.
Describe la gente que se veía, las tiendas y los edificios que se veían,
y las cosas que hicisteis.

Salieron al día siguiente al amanecer. Desaparecieron las estrellas y la luna. El sol apareció por el este y en muy poco tiempo brillaba en un cielo azul y despejado. Vieron Toledo con su catedral y sus puentes sobre el Tajo, y pronto cruzaban la llanura de La Mancha con sus blancos molinos de viento. Al verlos, Ann pensó en el famoso Don Quijote y su aventura bien conocida en que piensa que los molinos son gigantes terribles agitando los brazos.

Preguntas

1 ¿Cuándo salieron?
2 ¿Qué pasó al amanecer?
3 ¿Qué tiempo hacía?
4 ¿Cómo se puso el cielo?
5 ¿Qué vieron en Toledo?
6 ¿Qué vieron en La Mancha?
7 ¿Dónde está Toledo?
8 ¿En qué pensó Ann al verlos?
9 ¿Qué creía Don Quijote?
10 ¿Cómo se llama el autor del Quijote?

Conversación

1 ¿Tu casa está bastante lejos o bastante cerca del colegio?
2 ¿Está a más o menos de setecientos metros?
3 ¿Está a más o menos de dos kilómetros de aquí?
4 ¿A qué distancia está tu casa de aquí?
5 ¿Se tarda más o menos de quince minutos en llegar aquí?
6 ¿Se tarda más o menos de una hora?

7 ¿Cuánto tiempo se tarda en llegar aquí, exactamente?
8 ¿Cómo se viaja de tu casa al centro de Londres?
9 ¿A qué distancia está el centro de Londres?
10 ¿Cuánto tiempo se tarda en llegar allí?

Diálogos
I   **En una tienda**
X. *Este sombrero* es bueno.
Y. ¿No hay *otro* mejor?
X. No. *Este* es el mejor que tengo.

II   **En una tienda de juguetes**
X. *Este coche* es muy malo.
Y. ¿Es peor que *los otros*?
X. Creo que es *el peor* que he visto.

Forma oraciones:

	mi madre mi amiga	le		'¡Buenos días!' '¡Adiós!'
Al despedirme de			digo	
	mis amigos mis profesores	les		'¡Hasta mañana!' '¡Hasta luego!'

Ejercicio de memoria
Estudia el texto del capítulo 16. Luego completa las oraciones:
1 Durante todo el día, Manuel ....
2 Invitó a muchos amigos y amigas, y ....
3 Manuel tenía ....
4 Llamó a ....
5 Le invitó a .... y llevar también........

Composición
Un paseo que diste de noche hace algunos días.

31 *treinta y uno*

Una página del diario de Ann

Habíamos pasado por Valdepeñas, cuando encontramos un lugar
bonito y nos paramos a la sombra de unos árboles. Al lado de la
carretera había un río donde uno se podía bañar. Naturalmente
Carmen y Jaime jugaron en el agua e hicieron mucho ruido. Manuel
y Juanita ayudaron a sus padres a sacar del coche los bocadillos, la
tortilla y las bebidas y los pusieron en un mantel que habían puesto
en el suelo. Nos sentamos en la hierba que era muy verde a causa
del río, y comimos con mucho gusto.

Preguntas 1

1 ¿Quién describe el viaje aquí?
2 ¿Encontraron el lugar bonito antes de llegar a Valdepeñas?
3 ¿Dónde se pararon?
4 ¿De qué tamaño era el río?
5 ¿Qué hicieron los niños?
6 ¿Por qué hicieron tanto ruido?
7 ¿Qué hicieron la señora y Juanita?
8 ¿Pusieron la comida en la hierba?
9 ¿Por qué era tan verde la hierba?
10 ¿Qué es una merienda?

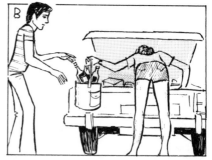

A La señora de Martínez saca el mantel del coche y se lo da a Ann.
B Su marido saca las bebidas y se las da a Manuel.

C Juanita saca una toalla y se la da a los niños.
D Manuel saca los bocadillos y se los da a sus hermanos.

Preguntas 2

1 ¿Qué hace la señora de Martínez en el primer dibujo?
2 ¿Qué hace su marido en el segundo?
3 ¿Qué hace Juanita en el tercer dibujo?
4 ¿Qué hace Manuel en el cuarto?

Dictado

El último párrafo del capítulo 29 desde '¿A qué distancia . . .' hasta el fin.

Forma diez oraciones:

Anteayer Ayer	mi vecino mi tío mi tía	me	dio enseñó	? ?	que había	comprado visto	en	? ?

32 *treinta y dos*

Otra página del diario de Ann

Después de terminar la merienda continuamos el viaje. Manuel había conducido desde Madrid hasta Valdepeñas y yo no había tenido miedo ninguno porque condujo con cuidado. Pero ahora su padre estaba al volante y condujo muy de prisa. Tuve mucho miedo porque vi que hablaba con los demás y parecía no concentrarse en la carretera. Seguimos hacia el sur, pasamos por Córdoba con su catedral y su mezquita árabe. Cruzamos el puente romano sobre el Guadalquivir, subimos las montañas y por fin llegamos a la hacienda de los Villoslada.

Preguntas
1 ¿Cuándo continuaron el viaje?
2 ¿Conducía Manuel ahora?
3 ¿Es verdad que Ann había tenido miedo durante la mañana?
4 ¿Por qué?
5 ¿Cómo se sintió ahora?
6 ¿Por qué?
7 ¿Se concentró en la conversación o en la carretera?
8 ¿Qué vieron en Córdoba?
9 ¿Qué es una mezquita?
10 ¿Adónde tuvieron que ir para llegar hasta la hacienda?
11 ¿Cómo se llamaba la familia andaluza?

Conversación

1 ¿Quién en tu familia tiene coche?
2 ¿Te lleva de paseo en coche algunas veces?
3 ¿Tienes miedo cuando conduce?
4 ¿Por qué?
5 ¿Cuál es la reacción de tu madre cuando conduce?
6 ¿Tiene miedo algunas veces o está completamente contenta?
7 ¿Cuánto tiempo tardó tu padre o tu madre en aprender a conducir?
8 ¿Tienes tú miedo del tráfico cuando cruzas la calle?
9 ¿Por lo general cruzas la calle corriendo o con cuidado?
10 ¿Crees que es mejor correr o andar despacio cuando cruzas?

Diálogos

I

X. ¿Has comprado *el sillón* que querías?
Y. Sí, lo hice ayer. Pagué *novecientas* pesetas.
   [*seiscientas, setecientas, ochocientas, novecientas, mil.*]

II

X. ¿Has estado en *Venezuela*?
Y. Sí, estuve allí en mil novecientos *setenta y dos.*
X. ¿Y tu *hermano* también?
Y. Sí, estuvo allí conmigo.

Forma oraciones:

Yo	esperaba sabía pensaba decía	que	él Vd. ella Ana	había	comido llegado llamado venido	unos minutos antes.

Composición

Una merienda en el campo con la familia.

65

Otra página del diario de Ann

Ayer llegamos a la hacienda del tío de Manuel. La familia se compone de don Laurenzo (el hermano de la señora de Martínez), doña Bárbara (la tía) y sus tres hijos, Miguel, Cristóbal (los primos de Manuel) y Marina (la prima).

Estaban todos a la puerta de la casa cuando llegamos en el coche. ¡Qué alegría! Un perro enorme (aprendí más tarde que se llamaba Kolas) llegó hasta el coche ladrando ruidosamente. Los primos corrieron hacia nosotros gritando y agitando los brazos. Dos gatos subieron a un árbol, y muchas gallinas revolotearon por todas partes.

Al pararse el coche todos se abrazaron y se preguntaron muchas cosas. Hablaban tan de prisa que yo no entendía lo que me decían. Juanita tuvo que explicármelo. Tienen aquí un acento andaluz que es diferente del de Madrid. Lo más difícil es que la 's' no se pronuncia. En este momento creo que es más fácil hablar español que entenderlo.

Preguntas

1 ¿De quién se compone la familia?
2 ¿Cómo se llamaban los primos y la prima?
3 ¿Quién era doña Bárbara?
4 ¿Dónde estaban al llegar los Martínez?
5 ¿Quién llegó primero hasta el coche?

6 ¿Cómo era?

7 ¿Cómo salieron los primos?

8 ¿Qué hicieron los gatos y las gallinas?

9 ¿Cuál fue la reacción de todos al encontrarse?

10 ¿Por qué no entendía bien Ann lo que decían?

11 ¿Qué tuvo que hacer Juanita?

12 ¿Cómo es el acento andaluz?

13 ¿Qué letra del alfabeto casi no se pronuncia?

14 ¿Qué otra letra no se pronuncia nunca en español?

15 ¿Qué pensó Ann?

Pronuncia y escribe los precios, los pesos y las distancias:

811 pesetas, 912 pesetas, 515 pesetas, 714 pesetas, 413 pesetas.

325 gramos, 550 gramos, 775 gramos, 100 gramos, 635 gramos.

200 kilómetros, 450 kilómetros, 836 kilómetros, 923 kilómetros, 1000 kilómetros, 1500 kilómetros.

¿Qué diferencia hay entre:	**¿Cuándo se pone:**
1 un frutero y un camarero?	**1** un traje de baño?
2 un supermercado y un estanco?	**2** una pijama?
3 una catedral y una iglesia?	**3** un abrigo?
4 tener sed y tener hambre?	**4** un pantalón corto?
5 una cosa llena y una cosa vacía?	**5** un sombrero?

Aquí está el árbol genealógico de la familia:

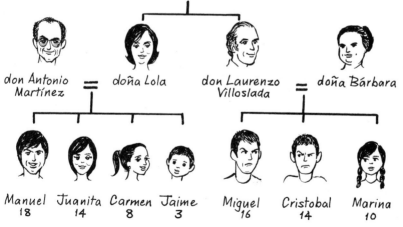

don Antonio Martínez = doña Lola   don Laurenzo Villoslada = doña Bárbara

Manuel 18   Juanita 14   Carmen 8   Jaime 3   Miguel 16   Cristobal 14   Marina 10

Composición

Escribe dos oraciones sobre cada niño de las dos familias.

67

Otra página de diario de Ann

Esta mañana exploré la hacienda con Cristóbal y Marina. Vimos los animales. Había cuatro caballos marrones, algunas vacas castañas y blancas y un hermoso toro negro que me pareció muy bravo.

En el horizonte vi un viejo molino arruinado en una colina. Me interesó mucho y no sé por qué pero decidí ir a verlo aquella tarde sin ninguna otra persona.

Salí de la casa y crucé un puente sobre un río seco. El sol calentaba tanto que había secado la tierra y no había hierba. Subí la colina y entré en las ruinas.

Luego pasó algo muy curioso. Oí detrás de mí un grito horrible. Me volví y vi a un hombre vestido de blanco. Anduvo hacia la pared y desapareció enfrente de mis ojos. Salí de las ruinas y corrí a la casa. Cuando les dije lo que había visto toda la familia se pusieron muy pálidos y me miraron con terror. Me dijeron que había visto al fantasma de la hacienda.

Preguntas
1 ¿Exploró Ann la hacienda a solas o con alguien?
2 ¿Cómo eran los animales que vieron?
3 ¿Qué le interesó mucho?
4 ¿Cómo era y dónde estaba?
5 ¿Por qué decidió ir a verlo a solas?
6 ¿Qué tuvo que cruzar para llegar al edificio viejo?

7 ¿Había agua en el río?
8 ¿Por qué no?
9 ¿Era muy verde la hierba?
10 ¿Qué oyó Ann al entrar en el molino?
11 ¿Qué vio al volverse?
12 ¿Cómo estaba vestida la aparición?
13 ¿Qué pareció hacer?
14 ¿Cuál fue la reacción de Ann?
15 ¿Cuál fue la reacción de la familia?

Diálogo

–¡Holá! doña Emilia. ¿Cómo está Vd.?
–¡Holá! Victoria. Estoy muy cansada esta tarde.
–¿Por qué?
–Estamos decorando nuestro *piso*.
–¿Qué han hecho hasta ahora?
–Mi marido ha puesto todos *los muebles* en el centro del *cuarto de estar* y los hemos cubierto con unas sábanas viejas. Hemos limpiado *las paredes* y hemos pintado *las puertas* y *las ventanas* en *azul muy claro*.
–¿Qué van a poner en *el suelo*?
–Vamos a comprar *una alfombra azul oscuro* pero no la hemos escogido todavía.
–¿Han comprado Vds. el papel para las paredes?
–Sí, pero no lo hemos puesto todavía. Vamos a hacerlo la semana que viene. ¡A nosotros nos gusta trabajar despacio!

Escribe otro diálogo cambiando los nombres de las personas, los muebles, las habitaciones y los colores. Practica primero hablando.

Composición
Una visita a una hacienda en el campo.

¿Qué hora es?
8.55 am.   8.25 pm.   5.15 am.   10.30 am.   1.00 pm.
11.20 pm.   6.25 am.   2.50 am.   11.45 pm.   7.05 pm.

35 treinta y cinco

Otra página del diario de Ann

Fuimos todos un día a Granada y visitamos la Alhambra. Es un gran palacio contruido por los moros que vivieron allí hasta el año 1492, el año en el que Cristóbal Colón descubrió América. Al lado del palacio moro hay también un castillo construido por los cristianos. La Alhambra está sobre una montaña en el centro de la ciudad y está llena de agua que salta de fuentes pequeñas y que corre entre los jardines llenos de flores.

Preguntas 1

1 ¿Adónde fueron todos?
2 ¿Qué hicieron allí?
3 ¿Qué es la Alhambra?
4 ¿Por quién fue construida?
5 ¿Cuándo dejaron Granada los moros?
6 ¿Qué otra palabra hay en vez de 'moro'?
7 ¿Qué pasó también en aquel año?
8 ¿Quiénes construyeron el castillo?
9 ¿Dónde está la Alhambra?
10 ¿Qué se ve en ella?

Al ver los patios árabes del palacio, donde habían vivido el sultán, sus mujeres y su corte, creí que era la cosa más hermosa que había visto en mi vida.

Al bajar a la ciudad fuimos a ver a los gitanos en el Sacromonte. Viven en cuevas y venden recuerdos a los muchos turistas que van. Vestidas de hermosos colores, con flores en el pelo, bailaron flamenco para nosotros con guitarras y castañuelas.

Preguntas 2

1 ¿Quién había vivido en la Alhambra?
2 ¿Qué pensó Ann al ver el palacio?
3 ¿Adónde fueron al bajar del palacio?
4 ¿A qué fueron allí?
5 ¿Dónde viven los gitanos?
6 ¿Qué hacen?
7 ¿Qué llevan en el pelo cuando bailan?
8 ¿Cómo se llama su baile especial?
9 ¿Qué instrumentos tocan?
10 ¿Cantan también?

Conversación

1 ¿Cuántos tíos y tías tienes?
2 ¿Cómo se llama tu tío favorito?
3 ¿Dónde vive?
4 ¿Son simpáticos tus tíos o antipáticos?
5 ¿Tienes muchos primos? ¿Cuántos tienes?
6 ¿Son mayores o menores que tú?
7 ¿Cuántos años tienen, más o menos que tú?
8 ¿Tienen el pelo rubio, moreno o castaño?
9 ¿Dónde estudian o trabajan?
10 ¿Los ves frecuentemente o de vez en cuando?
11 ¿Cómo son los animales domésticos que tienen?
12 ¿Qué pasatiempos tienen?

¿Qué oraciones puedes formar?

Creo que es la	cosa casa nevera cocina lavadora	más	cara barata grande pequeña moderna	que he visto en mi vida.

Composición

Describe a un tío o a una tía.

lunes	martes	miércoles	jueves	viernes	sábado	domingo
			1	2	3	4
5	6	7	8	9	10	11
12	13	14	15	16	17	18
19	20	21	22	23	24	25
26	27	28	29	30	31	

Aquí tenemos un calendario del mes de mayo.

Hoy es el día trece de mayo. Mañana será el día catorce.

Hoy es martes. Mañana será miércoles. Pasado mañana será jueves.

Dentro de tres días será viernes.

Dentro de cuatro días será sábado.

Hoy estamos a martes, trece de mayo.

Mañana estaremos a miércoles, catorce de mayo.

Pasado mañana estaremos a jueves, quince de mayo.

Ahora Felipe está en la clase. **(B)** A las cinco estará en casa **(C)** y a las once estará en la cama. **(D)**

Preguntas 1

1 ¿Dónde está Felipe ahora?

2 ¿Dónde estará a las cinco?

3 ¿Dónde estará a las once?

4 ¿A cuántos estamos hoy?

5 ¿A cuántos estaremos mañana?

6 ¿Qué día será pasado mañana?

7 ¿Qué día será dentro de cinco días?

8 ¿Cuándo será el día quince?

9 ¿Cuándo será sábado?

10 ¿Qué día fue ayer?

Tres artistas españoles
Diego Velázquez nació en 1599 y murió en 1660.
Francisco de Goya nació en 1746 y murió en 1828.
Pablo Picasso nació en 1881 y murió en 1973.

Preguntas 2
1 ¿Cuándo nació Picasso?
2 ¿En qué año murió Goya?
3 ¿Qué edad tenía a su muerte?
4 ¿Cuántos años vivió cada artista?
5 ¿Eran viejos o jóvenes cuando murieron?
6 ¿Qué pasó en 1599?
7 ¿Qué pasó en 1973?
8 ¿Qué es Andrés Segovia, músico o pintor?
9 ¿Qué instrumento toca?
10 ¿Cómo se llama un hombre que toca la guitarra?

Conversación
Esta tarde llegaré a casa a las 5.30. Sacaré la llave, abriré la puerta
y entraré en la casa.
1 ¿Qué harás tú esta tarde al volver a casa?

Esta tarde después de la cena, prepararé mis lecciones, escribiré unas
cartas, veré la televisión y escucharé la radio.
2 ¿Qué harás esta tarde?

Después de ver mi programa favorito de televisión, subiré a mi
cuarto, leeré un capítulo de mi libro y me dormiré.
3 ¿Qué harás esta noche?

Forma oraciones:

Sé Creo Pienso	que es el	libro párrafo capítulo texto autor	más	fácil interesante difícil	que he	visto. estudiado. leído.

Composición
Mi aventura con un fantasma.

73

37 *treinta y siete*

En una cueva una gitana muy vieja miró a Ann y se acercó a ella. Le cogió la mano y cerró los ojos.

'Voy a echarte la buenaventura,' le dijo con una voz misteriosa.

'¿Qué es eso, la buenaventura?' dijo Ann.

'Yo puedo ver el futuro, pero tienes que darme dinero,' siguió la gitana abriendo los ojos. Ann buscó en su bolso y le dio una moneda. 'Bueno,' dijo la vieja, y cerró otra vez los ojos.

'Mañana, un hombre que conoces te hablará de amor. Pasado mañana verás la muerte, la semana que viene escribirás muchas cartas, y el año que viene decidirás algo muy importante.'

'Muchas gracias, pero ¿cómo puede Vd. saber el futuro?' preguntó la chica. 'Es porque los gitanos tenemos ese don y conocemos los misterios de la vida y de la muerte.'

Cuando la gitana se fue, Ann se dijo, 'No creo en esto . . . Pero anteayer no creía en los fantasmas . . . ¿Quién sabe? . . . Bueno, lo que será, será.'

Preguntas

1 ¿Quién se acercó a Ann?
2 ¿Crees que sabes por qué escogió a Ann?
3 Al acercarse a ella, ¿qué hizo?
4 ¿Qué dijo que iba a hacer?
5 ¿Es verdad que la buenaventura es una profecía?
6 ¿Qué dijo la gitana que podía hacer?
7 ¿Qué era necesario antes?
8 ¿Crees que era necesario?
9 ¿Tenía todavía los ojos cerrados?
10 ¿Por qué?
11 ¿Qué hizo Ann?
12 ¿Cuándo iba a hablar del amor con un hombre?
13 ¿Cuándo iba a ver la muerte?

14 ¿Cuándo iba a escribir muchas cartas?
15 ¿Cuándo iba a decidir algo muy importante?
16 ¿Qué le preguntó Ann a la gitana?
17 ¿Qué le respondió?
18 ¿Qué se dijo Ann después de irse la gitana?
19 ¿Creía o no creía en los fantasmas ahora?

Conversación

Mañana por la mañana me despertaré a las 7.00, me levantaré pronto.
Me lavaré y me secaré con una toalla, luego me vestiré.
1 ¿Qué harás mañana por la mañana?

Después de vestirme, saldré de mi dormitorio, bajaré la escalera, entraré en la cocina y me sentaré a la mesa.
2 ¿Qué harás después de vestirte?

Desayunaré a las ocho. Comeré cereales, un huevo frito y pan tostado. Beberé dos tazas de té. Luego saldré de la cocina y saldré de casa.
3 ¿Qué desayunarás mañana?

Forma oraciones:

Mañana			despertaremos	
Pasado mañana	mi familia y yo	nos	levantaremos	tarde.
Esta tarde			vestiremos	temprano.
La semana que viene			comeremos cenaremos	

Composición

Escribe un párrafo sobre lo que hará tu padre este fin de semana.

Al día siguiente recibió Ann una llamada de teléfono. Era Roberto.

'Oye, Ann, no puedo quedarme aquí solo, sabiendo que podía ir a Jerez de la Frontera en mi motocicleta. Te quiero mucho y tengo que estar cerca de ti. Voy a ir a verte.'

'Pero Roberto, volveremos pasado mañana. ¿No puedes esperar hasta entonces?'

No podía esperar y decidió hacer el viaje aquella tarde.

Al colgar el teléfono Ann se dio cuenta de que Roberto le había hablado de amor. Se acordó de la profecía de la gitana y se puso muy pálida.

Preguntas

1 ¿Qué pasó el próximo día?
2 ¿Quién era?
3 ¿Cómo queria ir a la hacienda?
4 ¿Por qué tenía que verla?
5 ¿Qué le preguntó la chica?
6 ¿Qué decidió él?
7 ¿De qué se dio cuenta al colgar?
8 ¿De qué se acordó?
9 ¿Cuál fue su reacción?
10 ¿Dónde estaba Roberto cuando telefoneaba?
11 ¿Dónde estaba Ann?

Conversación

1 En la próxima clase de español, ¿qué idioma hablarán los alumnos?
2 ¿Qué harán en la lección?

3 ¿Cómo responderán si escuchan bien?
4 ¿Cómo escribirán si no leen con atención?
5 ¿Qué harán al terminar la clase?
6 ¿Adónde irán al mediodía?
7 ¿Qué comerán y beberán?
8 ¿El sábado, se quedarán en casa o irán al colegio?
9 Si tienen todos catorce años, ¿cuántos años tendrán dentro de
dos años?
10 Si van a España, ¿qué idioma tendrán que hablar?

Diálogos	Pronuncia y escribe los años:
X. Aquí está tu *regla*.	1700 1500 1900 1600 1800
Y. *Esa* regla no es *mía*.	1914 1918 1936 1965 1975
X. ¿Pues, de quién es?	1945 1939 1971 1973 1976
Y. No sé, pero *la mía* está aquí.	

Forma oraciones con cada tabla:

Si llueve	me quedaré en casa.
Si hace mal tiempo	iré al concierto.
Si nieva	llevaré mi abrigo.
Si hace viento	me pondré muy enfadado.

Los camareros		los turistas	eran	alemanes.
Los gitanos	se dieron cuenta de	los novios		?
Las primas	que	la motocicleta	era	?
Los tíos		el coche		

Ejercicio
María dice, 'He terminado el ejercicio.'
¿Qué dijo ella?—Dijo que había terminado el ejercicio.
1 Enrique dice, 'He trabajado muchísimo.'
¿Qué dijo él?—Dijo que ....
2 Isabel dice, 'Mis amigas han llegado temprano.'
¿Qué dijo ella?
3 Carmen dice, 'Mi mamá todavía no ha llegado.'
¿Qué dijo ella?

Composición
Lo que hará tu amigo la semana que viene.

39 treinta y nueve

Al día siguiente fueron por la tarde a la plaza de toros de Málaga a ver una corrida. Compraron entradas de sombra. Tuvieron sitios buenos y podían ver todo. Había mucha gente y una banda que tocó una música alegre con clarinetes, trompetas y tambores.

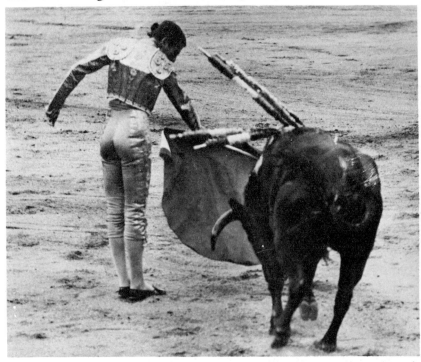

En la plaza de arena vieron a los toreros que iban a pie, a los picadores que iban montados a caballo. Los toreros mataron a seis toros bravos. Ann se sintió muy mal al ver la sangre roja sobre el cuerpo negro de los toros y en la arena amarilla.

La gente gritó, '¡Olé! ¡olé!' cada vez que los toreros hicieron algo bien. Ann vio que esto no era un deporte sino un acto casi religioso. Alguien le dijo que el toro era un símbolo de Cristo y que la sangre era como la sangre de Cristo.

Al volver a la hacienda de los primos, encontraron que Roberto había venido. Siguió luego una reunión muy alegre.

Al describir la corrida a su amigo y lo que había visto, Ann se acordo de la profecía de la gitana y se dio cuenta de que aquel día había visto la muerte varias veces.

Preguntas

1 ¿Adónde fueron al día siguiente?
2 ¿Qué es mejor, estar al sol o a la sombra?
3 ¿Crees que los billetes de sombra cuestan más o menos que los demás?
4 ¿Qué es un sitio bueno?
5 ¿Qué oyeron primero?
6 ¿Qué instrumentos tocaron?
7 ¿Cómo se llaman los hombres que van a pie?
8 ¿Cómo se llaman los que van a caballo?
9 ¿Cómo se llaman los que matan a los toros?
10 ¿Qué no le gustó a Ann?
11 ¿Qué pasó cuando los toreros hicieron algo bien?
12 ¿Crees que la corrida es un deporte?
13 ¿De qué puede ser un símbolo?
14 ¿Quién había llegado a la hacienda?
15 ¿Cuándo se acordó Ann de la gitana?
16 ¿De qué se dio cuenta?
17 ¿Crees que la gitana podía ver el futuro?

'Ann se dio cuenta de que Roberto le había hablado de amor.'
Usando este modelo, escribe cinco oraciones parecidas:
1 La gitana se dio cuenta de que el turista no le había . . . .
2 La dependienta . . . . .el cliente . . . .
3 El torero .el toro . . . .
4 El artista .la modelo. . . . .
5 El profesor . . . . .la alumna. . . . .

¿Qué diferencia hay entre:
1 una azafata y una cajera?
2 una toalla y un mantel?
3 una cena y una merienda?
4 una plaza y una plaza de toros?
5 un torero y un picador?

79

40 *cuarenta*

Llegó la hora de volver a Madrid. Cuando se despidieron de la familia Villoslada y sobre todo de su hermano don Laurenzo, doña Lola, la madre de Juanita, sacó el pañuelo de su bolso y empezó a llorar en silencio. Subieron al coche y se marcharon. Los tíos y los primos agitaron los pañuelos y algunos momentos después desaparecieron detrás del horizonte. Roberto siguió a la familia en su motocicleta a una buena distancia del coche.

Preguntas 1
1 ¿Cuándo empezó a llorar la señora?
2 ¿Por qué?
3 ¿Qué hicieron luego?
4 ¿Qué hicieron los Villoslada?
5 ¿Qué hizo Roberto?
6 ¿Cómo los siguió?

El señor Martínez conducía otra vez muy de prisa y a unos kilómetros de Toledo, hubo un accidente. Al subir una cuesta pasó un
camión muy largo. '¡Cuidado, papá!' gritó uno de los niños. **(B)**
　　En este momento apareció otro camión que venía en la otra
dirección y bajaba la colina en el lado contario de la carretera. **(C)**
　　El señor frenó, pero el camión chocó con el coche y luego subió
la acera. Golpeó a un peatón que paseaba por la acera con su mujer.
(D) Pararon el coche, los camiones y la motocicleta y bajó la gente.

Preguntas 2
　1 ¿De qué manera condujo el señor Martínez?
　2 ¿Qué pasó cerca de Toledo?
　3 ¿Bajaban una colina?
　4 ¿Quién gritó '¡Cuidado!'?
　5 ¿Qué habían pasado primero?
　6 ¿Cómo era el camión?
　7 ¿Qué hacía el otro camión?
　8 ¿Qué hizo el señor?
　9 ¿Qué pasó luego?
10 ¿A quién golpeó el camión?
11 ¿Qué hacía el peatón cuando pasó el accidente?
12 ¿Que había sido la causa del accidente?

Composición
Lee el texto del capítulo 34 y luego cuenta lo que le pasó a Ann.

 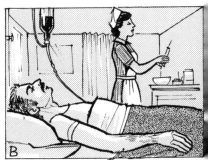

Unos minutos después llegó la policía y una ambulancia. Cogieron al peatón con cuidado, lo pusieron en una camilla y lo llevaron al hospital más próximo. **(A)** La familia fue con él en la ambulancia.

Al llegar allí los médicos examinaron al herido, le hicieron una transfusión de sangre y le pusieron inyecciones. **(B)** Por último le metieron en una cama confortable.

Una enfermera salió de la sala y les dijo que iba a mejorar y que podían volver a casa. Llamaron un taxi y fueron a la estación más próxima, seguidos por Roberto en su moto.

Preguntas

1 ¿Qué pasó después?
2 ¿Cómo cogieron al peatón?
3 ¿Estaba el hospital lejos del lugar?
4 ¿Qué hicieron los Martínez?
5 ¿Qué hicieron primero los médicos?
6 ¿Qué hicieron después?
7 ¿Qué hicieron por fin?
8 ¿De dónde salió la enfermera?
9 ¿Qué les dijo ella?
10 ¿Cómo volvieron a casa?

Conversación

1 Si una chica nace en Roma, ¿de qué nacionalidad será?
2 Si nace en Vigo, ¿de qué nacionalidad será?
3 Y tú, si ayudas a tu madre después de la cena, ¿qué harás?
4 Y si escribes una postal, ¿dónde la echarás?
5 Si vas al cine, ¿qué verás?
6 Si vas a la biblioteca, ¿qué harás?
7 Si haces una taza de té, ¿qué harás?
8 Si mañana por la tarde decides hacer el café, ¿cómo lo harás?
9 Si mañana por la mañana tu abuelo quiere fumar, ¿qué hará?
10 Si mañana por la mañana tu madre hace el desayuno, ¿qué hará?

Diálogos

X. Aquí están tus *periódicos*.
Y. *Esos periódicos* no son *míos*.
X. Pués, ¿de quién son?
Y. No sé, pero *los míos* están aquí.

Pronuncia y escribe las fechas:

18 ix 1923	9 vi 1969
25 xi 1942	15 ii 1958
11 v 1970	1 viii 1934
6 i 1964	12 iv 1967

X. *Aquel vestido* es mejor que *el mío*.
Y. Sí, pero me gusta más el *tuyo*.

X. ¿Quién está en *el despacho*?
Y. Déjame ver. Aquí no hay nadie.

X. ¿Qué hay en *aquellas cajas sucias*?
Y. Voy a ver. Aquí no hay nada.

Ejercicio

El camarero preguntó, '¿Han pagado Vds. la cuenta?'
¿Qué preguntó él?—Les preguntó si ellos habían pagado la cuenta.
1 La gitana preguntó a la chica, '¿Has visto la muerte?'
¿Qué preguntó a la chica?
2 El policía preguntó, '¿Han llamado Vds. por teléfono?'
¿Qué preguntó él a los amigos?
3 La enfermera preguntó al señor Martínez, '¿Ha hablado Vd. con la mujer del peatón?'
¿Qué preguntó ella al señor Martínez?

Composición

Lo que harás este verano que viene o durante las vacaciones de Semana Santa.

83

42
cuarenta y dos

Al llegar a casa, comieron en silencio y pensaron en el accidente. La señora se sentía mal porque le dolía la cabeza.

'¿Te duele mucho, mamá?' le preguntó Manuel.

'Sí, hijo, y me duele también la pierna izquierda,' y vieron que había sangre en ella. Llamaron al médico que vino dos horas después y la examinó. **(A)**

'Hay una contusión pero la pierna no está rota,' dijo. 'Después de guardar cama dos días, Vd. mejorará pronto.'

Dio una receta a Paca que se fué a la farmacia por la medicina. **(B)**

Preguntas

1 ¿Qué hicieron al volver a casa?
2 ¿Por qué?
3 ¿Estaba bien la señora?
4 ¿Qué partes del cuerpo le dolían?
5 ¿Qué vieron al examinar la pierna?
6 ¿Cuándo vino el médico?
7 ¿Qué hizo?
8 ¿Qué les dijo sobre la señora?
9 ¿Qué tenía que hacer ella?

10 ¿Qué le dio el médico a la criada?
11 ¿Adónde fue ella?
12 ¿Qué llevó a casa?

Diálogos

X. ¡Ay! ¡Tengo que ir al médico!
Y. ¿Qué te pasa?
X. Me duele *el brazo* izquierdo.

X. ¿Cómo está Vd.?
Y. Muy mal. No me encuentro bien.
X. ¿Qué le pasa?
Y. Me duelen *los ojos*.

Composición   Una visita al médico.

Ann preguntó a Roberto si le gustaría ir a Inglaterra.

'Sí, me gustaría muchísimo,' respondió él.
'¿Qué te gustaría hacer?' le preguntó ella.
Empezó luego a imaginar lo que haría.
'Pues me gustaría ir a tu casa donde visitaría a tus padres.'
'¿Cómo viajarías?'
'Cogería el tren hasta Bilbao y luego iría en el barco hasta Southampton. Sería un viaje en el mar de 36 horas. Después vería el campo inglés y pasaría por Londres donde tomaría el tren a Birmingham. Te encontraría allí y luego exploraría tu país contigo.
En el campo haría dibujos y pintaría las aldeas bonitas.
Escribiría a mi familia y les diría todo lo que habría visto.
Practicaría el inglés hablando con tus amigos. Leería libros y saldría contigo al cine para escuchar la lengua.
Bebería cerveza inglesa, y comería los platos ingleses como el *fish and chips*. (¡Pescado con patatas fritas!)
Por último volvería a España. Me pondría muy triste al despedirme de ti, tendría que volver a los estudios. Pero nos veríamos pronto.'

Preguntas

1 ¿Cómo viajaría Roberto hasta Birmingham?
2 ¿Qué llevaría consigo?
3 ¿Qué metería en su maleta?
4 ¿Cuánto tiempo tardaría en viajar, en total?
5 ¿Qué vería durante el viaje?
6 ¿A quién vería al llegar en Birmingham?
7 ¿Qué haría durante su estancia allí?
8 ¿A quién escribiría?
9 ¿Qué les diría, por ejemplo?
10 ¿Qué compraría para sus amigos?
11 ¿Crees que costaría más o menos que en España?
12 ¿Cómo se sentiría al volver allí?

Conversación

Y tú, estando de vacaciones en España, ¿qué harías?

44 *cuarenta y cuatro*

Aquella tarde Ann y el señor Martínez fueron a una agencia de viajes para confirmar su pasaje.

'Hay un avión que sale de Madrid a las diez de la mañana y hay otro que sale a las dos de la tarde. ¿Quiere Vd. ir por la mañana o por la tarde, señorita?' dijo el empleado.

'¿Cuánto tiempo se tarda en llegar?'

'Es cosa de dos horas.'

'Querría ir por la mañana porque tengo que continuar el viaje hasta Birmingham en el tren que sale de Londres a las tres de la tarde,' explicó Ann.

'Bueno, saco una reserva para Vd. en el avión que sale de Barajas a las diez de la mañana,' dijo el empleado.

Al día siguiente, pues, por la mañana Ann se despidió de sus amigos españoles. Doña Lola iba mucho mejor y se sentían todos mucho más alegres. Pero es siempre triste decir 'Adiós' a los amigos.

'Volverás el año que viene,' dijeron. 'Y yo te escribiré muy frecuentemente,' dijo Roberto. 'Hasta la vista.' Y todos se abrazaron afectuosamente por última vez.

Preguntas
1 ¿Adónde fueron don Antonio y Ann?
2 ¿Qué es una agencia de viajes?
3 ¿A qué fueron a la agencia?

4 ¿Cuántos vuelos a Londres había al día?
5 ¿Cuándo quería ir Ann?
6 ¿Cuánto tiempo tarda el avión en llegar a Londres?
7 ¿Por qué quería volar por la mañana?
8 ¿Dónde fueron al día siguiente?
9 ¿Cómo se llama el aeropuerto de Madrid?
10 ¿De quién se despidió Ann al día siguiente?
11 ¿Cómo estaba la señora?
12 ¿Cómo se sentían todos?
13 ¿Qué fue la última cosa que hicieron?
14 ¿Cómo viajaría Ann de Heathrow a Euston?
15 ¿Cómo iría de Euston a Birmingham?

Conversación
Si te levantas siempre a las ocho,
1 ¿Qué hiciste ayer a las ocho?
2 ¿Qué harás a las ocho mañana por la mañana?

Si sales de la casa a las ocho y media,
3 ¿Qué hiciste ayer a las ocho y media?
4 ¿Qué harás mañana a las ocho y media?

Si ves a tu amigo todos los domingos,
5 ¿Qué harás el domingo próximo?
6 ¿Qué hiciste el domingo pasado?

Si dices 'Adiós' a tu madre todos los días,
7 ¿Qué hiciste ayer?
8 ¿Qué harás mañana?

Lo que dijo Miguel de Unamuno, un gran autor español:
Yo soy el mejor estudiante de mi colegio. Este colegio es el mejor de París. París es la mejor capital de Francia. Francia es la mejor nación del mundo. Luego yo soy el mejor estudiante del mundo.

Summary of Grammar

ACCENTUATION

If a Spanish word ends in a vowel, in '*n*' or in '*s*', it is stressed on the syllable before last.

*ca*sa, reg*a*lo, *jo*ven, ag*o*sto, *hi*jas

But, if the pronunciation does not follow the rule, the accent is written over the syllable which *is* stressed.

jardín, está, aquí, París, fábrica, sábado, detrás, América

If a word ends in a consonant other than '*n*' or '*s*' it is stressed on the last syllable.

mu*jer*, ciu*dad*, profe*sor*, hospi*tal*

But, if the pronunciation does not follow the rule, the accent is written over the syllable which *is* stressed.

árbol, lápiz, azúcar

Question words have an accent written on the stressed syllable.

¿Quién es? ¿Qué hace? ¿Cuándo vas? ¿Cómo estás? ¿Dónde está? ¿Por qué?

But, a verb at the beginning of a question is not accentuated.

¿Vienes conmigo? ¿Sabe Vd. cocinar?

Accents are used to make a diphthong ('*i*' or '*u*' with '*a*', '*e*', or '*o*') into two separate syllables.

día, María, continúa, todavía, hacéis (*Compare:* secretaria)

Accents are used to discriminate between two similarly spelt words which have different functions.

el hombre/él viene
Sí, señor/si quieres ir
yo sé/se llama
¿Te gusta el té?

89

GENDER
Indefinite Articles

'a', 'some'

	Masculine	Feminine
Singular	un	una
Plural	unos	unas

un coche, un chico, una casa
unos calcetines, unas camisas

Definite Articles

'the'

	Masculine	Feminine
Singular	el	la
Plural	los	las

el avión, el padre, la puerta
los dibujos, las ventanas

Masculine Contraction with 'a', 'de'

	Masculine	Feminine
Singular	al	a la
Plural	a los	a las

Voy al cine. Voy a la piscina.

Singular	del	de la
Plural	de los	de las

La mesa del profesor
La mesa de la profesora

Nouns

Singular	−o	−a
Plural	−os	−as

El libro, la cama, la chica
Los libros, las camas, las chicas

Nouns of either gender ending in consonants or e add 'es' or 's' respectively.

Flor/flores; jardín/jardines; árbol/árboles; pupitre/pupitres; vacación/vacaciones
Exceptions
una radio, una mano, un día, el agua fría (*avoiding* 'la *ag*ua')

ADJECTIVES

These are formed in the same way as the nouns and agree with them in gender and number. In nearly all cases, adjectives follow nouns.

La planta baja. El libro rojo
Los patios pequeños (grandes)
Las regiones frías (grandes)

Possessive Adjectives

Singular owner	Plural owner
mi mis	nuestro(s)
	nuestra(s)
tu tus	vuestro(s)
	vuestra(s)
su sus	su(s)

These agree in number and gender with the noun owned, not the owner.

Aquí está mi padre.
Aquí están mi madre y mis hermanos.
Nuestra casa está a la izquierda.
Nuestras camisas están allí.
Me gustan sus amigos
   (de él).
   (de ella).
   (de usted).
   (de ustedes).
   etc.

Comparison of adjectives

Madrid es más grande que Barcelona.
Mi hermana es más rubia que mi madre.
Soy menos gordo que mi hermano.
Exceptions
El es mayor que yo.
Ella es menor que tú.

Demonstrative adjectives

See under **Demonstrative adjectives and pronouns** (page 97)

Other adjectives

Hay muchas personas en el cuarto.
Algunos alumnos lo dicen.

Hay pocos árboles aquí.

Todos los chicos están sentados.

91

NEGATIVES
Verbs are made negative simply by stating 'no' beforehand.
Está aquí. No está aquí. Viene todos los días, pero no viene hoy.
¿Cuando va al teatro?—No va nunca. [*never*]
¿Quién está en el comedor?—No hay nadie [*nobody*]
¿Qué hay en el cajón?—No hay nada [*nothing*]
No fuma ni cigarillos ni puros. [*neither, nor*]

VERBS
1. Regular Verbs
Simple Present Tense

First conjugation (hablar)		*Second conjugation* (comer)		*Third conjugation* (vivir)	
hablo	hablamos	como	comemos	vivo	vivimos
hablas	habláis	comes	coméis	vives	vivís
habla	hablan	come	comen	vive	viven

Continuous Present Tense

estoy hablando estás hablando, *etc.*	estoy comiendo	estoy viviendo

Immediate Future Tense

voy a hablar	voy a comer	voy a vivir

Simple Past or Preterite Tense

hablé	hablamos	comí	comimos	viví	vivimos
hablaste	hablasteis	comiste	comisteis	viviste	vivisteis
habló	hablaron	comió	comieron	vivió	vivieron

Imperative

habla	hablad	come	comed	vive	vivid

First conjugation (hablar)		Imperfect Tense Second conjugation (comer)		Third conjugation (vivir)	
hablaba	hablá- bamos	comía	comíamos	vivía	vivíamos
hablabas	hablabais	comías	comíais	vivías	vivíais
hablaba	hablaban	comía	comían	vivía	vivían

Perfect Tense

he hablado	hemos hablado	he comido	he vivido
has hablado	habéis hablado		
ha hablado	han hablado		

Pluperfect Tense

había hablado	habíamos hablado	había comido	había vivido.
habías hablado	habíais hablado		
había hablado	habían hablado		

Future Tense

hablaré	hablaremos	comeré	comeremos	viviré	viviremos
hablarás	hablaréis	comerás	comeréis	vivirás	viviréis
hablará	hablarán	comerá	comerán	vivirá	vivirán

Conditional Tense

hablaría	hablaríamos	comería	comeríamos	viviría	viviríamos
hablarías	hablaríais	comerías	comeríais	vivirías	viviríais
hablaría	hablarían	comería	comerían	viviría	vivirían

2. Verbs with Spelling Changes

Alcanzar (Preterite): alcancé, alcanzaste, alcanzó, *etc.*

Buscar (Preterite): busqué, buscaste, buscó, *etc.* (*also*; sacar, secar, tocar)

Es(coger) (Present): cojo, coges, coge, *etc.*

93

Continuar	(Present): continúo, continúas, continúa, continuamos continuáis, continúan
Cruzar	(Preterite): crucé, cruzaste, cruzó, *etc.*
Leer	(Preterite): leí, leiste, leyó, leímos, leísteis, leyeron (Present Participle): leyendo
Llegar	(Preterite): llegué, llegaste, llegó, *etc.* (*also:* jugar)

3. Verbs with Root Changes—Present Tense

Certain verbs are quite regular in their formation except that the stressed vowel in the root (or stem) changes. When the vowel is not stressed (as in the first and second persons plural) there is no change. One example of each type is given:

Type A: Root 'O' or 'U' changes to 'UE'
Encontrar

encuentro	encontramos	*also:* acostarse, costar, dormir, jugar,
encuentras	encontráis	llover, mostrar, poder, volar,
encuentra	encuentran	volver

Type B: Root 'E' changes to 'IE'
Cerrar

cierro	cerramos	*also:* apretar, despertarse, empezar,
cierras	cerráis	fregar, nevar, pensar, preferir,
cierra	cierran	sentarse, sentirse

Type C: Root 'E' changes to 'I'
Servir

sirvo	servimos	*also:* pedir, reírse, vestirse
sirves	servís	
sirve	sirven	

4. Irregular Verbs

Andar	(Pret.): anduve, anduviste, anduvo, anduvimos, *etc.*
Caer	(Pres.): caigo, caes, cae, *etc.*
Dar	(Pres.): doy, das, da, *etc.* (Pret.): di, diste, dio, dimos, disteis, dieron

Decir	(Pres.): digo, dices, dice, decimos, decís, dicen
	(Pret.): dije, dijiste, dijo, dijimos, dijisteis, dijeron
	(Pres. Part.): diciendo; (Past Part.): dicho
	(Fut.): diré; (Condit.): diría
Estar	(Pres.): estoy, estás, está, estamos, estáis, están
	(Pret.): estuve, estuviste, estuvo, *etc.*
Escribir	(Past Part.): escrito
Hacer	(Pres.): hago, haces, hace, *etc.*
	(Pret.): hice, hiciste, hizo, hicimos, hicisteis, hicieron
	(Imper.): haz, haced
	(Fut.): haré; (Condit.): haría, *etc.*
	(Past Part.): hecho
Ir	(Pres.): voy, vas, va, *etc.*
	(Pret.): fui, fuiste, fue, fuimos, fuisteis, fueron
	(Pres. Part.): yendo
	(Imperf.): iba, *etc.*
	(Imper.): ve, id
Oír	(Pres.): oigo, oyes, oye, oímos, oís, oyen
	(Pret.): oí, oíste, oyó, oímos, oísteis, oyeron
Poder	(Pres.): puedo, puedes, puede, podemos, podéis, pueden
	(Pret.): pude, pudiste, pudo, pudimos, pudisteis, pudieron
	(Fut.): podré, *etc.*; (Condit.): podría, *etc.*
	(Pres. Part.): pudiendo
Poner	(Pres.): pongo, pones, pone, *etc.*
	(Pret.): puse, pusiste, puso, pusimos, pusisteis, pusieron
	(Fut.): pondré, *etc.*; (Condit.): pondría, *etc.*
	(Imper.): pon, poned; (Past Part.): puesto
Querer	(Pres.): quiero, quieres, quiere, queremos, queréis, quieren
	(Pret.): quise, quisiste, quiso, quisimos, quisisteis, quisieron
	(Fut.): querré, *etc.*; (Condit.): querría, *etc.*
Saber	(Pres.): sé sabes, sabe, *etc.*
	(Pret.): supe, supiste, supo, *etc.*
	(Fut.): sabré, *etc.*; (Condit.): sabría, *etc.*
Salir	(Pres.): salgo, sales, sale, *etc.*
	(Fut.): saldré, *etc.*; (Condit.): saldría, *etc.*
	(Imper.): sal, salid
Ser	(Pres.): soy, eres, es, somos, sois, son
	(Pret.): fui, fuiste, fue, fuimos, fuisteis, fueron
	(Imperf.): era, eras, *etc.*
	(Imper.): sé, sed; (Past part.): sido

Tener	(Pres.): tengo, tienes, tiene, tenemos, tenéis, tienen
	(Pret.): tuve, tuviste, tuvo, tuvimos, *etc.*
	(Fut.): tendré, *etc.*; (Condit.): tendría, *etc.*
	(Imper.): ten, tened
Venir	(Pres.): vengo, vienes, viene, venimos, venís, vienen
	(Pret.): vine, viniste, vino, vinimos, vinisteis, vinieron
	(Fut.): vendré, *etc.*; (Condit.): vendría, *etc.*
	(Pres. Part.): viniendo
	(Imper.): ven, venid
Ver	(Pres.): veo, ves, ve, *etc.*
	(Pret.): vi, viste, vio, *etc.*
	(Imperf.): veía, veías, *etc.*
	(Fut.): veré, *etc.*; (Condit.): vería, *etc.*
	(Pres. Part.): viendo; (Past Part.): visto
	(Imper.): ve, ved

5. Reflexive Verbs

These follow the same pattern as the other regular verbs above, the only difference being the reflexive pronouns.

Llamarse (The infinitive has the pronoun added to it.)

(Yo) me llamo	(Nosotros/as) nos llamamos
(Tú) te llamas	(Vosostros/as) os llamáis
(El) se llama	(Ellos) se llaman
(Ella) se llama	(Ellas) se llaman
(Usted) se llama	(Ustedes) se llaman

PRONOUNS

Subject Pronouns

These are shown above and are often omitted in Spanish, since the verb endings usually indicate the person of the subject.

Reflexive Object Pronouns

These are also shown above but are never omitted, otherwise the verb would no longer be reflexive.

Direct Object Pronouns

These stand for nouns which are direct objects of verbs.

	Masculine	*Feminine*
Singular	lo	la
Plural	los	las

Inés cogió **el periódico** y **lo** leyó.
Juan cogió **las gafas** y **las** limpió.

96

Indirect Object Pronouns
These stand for nouns which are indirect objects of verbs.

	Masculine and Feminine		
Singular	me	te	le
Plural	nos	os	les

Mi mamá **me** da mucho dinero.
Cuando veo a mi amigo, **le** digo, '¡Hola!'
El oficial **les** dio los pasaporte.

Double Object Pronouns
Certain verbs, such as '**dar**' and '**decir**', have indirect as well as direct objects. Something is given to somebody, or something is said to somebody. If these objects are both in pronoun form the indirect object, whether singular or plural, is represented by the pronoun '**se**'. Instead of the ungainly pattern '**le lo**' or '**les las**' the various possible combinations are reduced to '**se lo**', '**se la**', '**se los**', and '**se las**'. Examples occur in chapter 28 and chapter 31.

Pronouns after prepositions

Singular	*Plural*
mí	nosotros (as)
ti	vosotros (as)
él (ella)	ellos (as)
usted	ustedes

delante de **mí**
cerca de **ti**
lejos de **nostros**
para **ustedes**

Pronouns after participles
Están lavándo**se**. Estamos leyéndo**lo**. Estoy mirándo**las**.
Note that the accent has to be written on the stressed syllable now that an extra syllable has been added.

Pronouns after infinitives
Just as the reflexive pronoun is added to the infinitive of the reflexive verb, other object pronouns are joined to other infinitives.
Quiere comer**lo**. ¿Vas a levantar**te**? ¿Puedes ver**la**?
¿Qué van a dar**me**? ¿Sabes abrir**los**? ¿Tienes que escribir**las** ahora?
Después de prepara**rnos** vamos a salir con ustedes.

Personal 'a'

If the direct object of a verb is a person rather than a thing, the Spanish always say 'a' before it.

Veo la casa, y veo **a** Carmen. Busco un libro y busco **a** mi madre.

Possessive Pronouns (In English, 'mine', 'yours', 'his', 'hers', 'ours', 'theirs')

These occur usually in conjunction with Possessive Adjectives (in English, 'my', 'your', 'his', 'her', 'our', 'its' and 'their') and have a clear agreement pattern. For Possessive Adjectives see under

Adjectives. (p. 90)

Este sombrero no es **mío. El mío** es grande.

Esa casa no es **mía. La mía** es blanca.

Note the absence of an article after the verb '**ser**'.

For plural forms simply add an '**s**': **los míos, las mías**.

Similarly: **el tuyo, la tuya, los tuyos, las tuyas;**

el suyo, la suya, los suyos, las suyas; (his, hers, and with

el nuestro, *etc.*   **usted**, yours)

el vuestro, *etc.*

Demonstrative adjectives and pronouns (In English: 'this', 'these', 'those', and pronouns 'this one', 'that one', 'these ones', 'those ones')
In Spanish the Pronouns have a differentiating accent:

Este hombre y éste. Ese coche y ése.   Aquel libro y aquél.

Esta chica y ésta.   Esas señoras y ésas.   Aquellos lápices y
**   aquéllos.**

There is a neuter form for each of these, which refers to an idea, or an unidentified object: **¿Qué es esto? Por eso no lo hizo. Eso es.**
This form is not written with an accent.

NUMERALS

uno	once	veintiuno	treinta y uno	doscientos (as)
dos	doce	veintidós	treinta y dos	trescientos (as)
tres	trece	veintitrés	treinta y tres	cuatrocientos (as)
cuatro	catorce	veinticuatro	cuarenta	quinientos (as)
cinco	quince	veinticinco	cincuenta	seiscientos (as)
seis	dieciséis	veintiséis	sesenta	setecientos (as)
siete	diecisiete	veintisiete	setenta	ochocientos (as)
ocho	dieciocho	veintiocho	ochenta	novecientos (as)
nueve	diecinueve	veintinueve	noventa	mil
diez	veinte	treinta	cien (ciento)	dos mil *etc.*

Ordinals	Days	Months		Seasons
primer (primero)	lunes	enero	julio	primavera
segundo	martes	febrero	agosto	verano
tercer (tercero)	miércoles	marzo	septiembre	otoño
cuarto	jueves	abril	octubre	invierno
último	viernes	mayo	noviembre	
	sábado	junio	diciembre	
	domingo			

Note

'**y**' is changed to '**e**' before an '**i**' or a '**y**'. Francia **e** Inglaterra

'**o**' is changed to '**u**' before an '**o**'. siete **u** ocho días

Vocabulary

a, *to, at*
abrazarse, *to kiss, embrace*
un abrigo, *overcoat*
abril, *April*
abrir, *to open*
un(a) abuelo(a), *grandparent*
un accidente, *accident*
el aceite, *olive oil*
una aceituna, *olive*
un acento, *accent*
aceptar, *accept*
una acera, *pavement*
acercarse, *to approach*
acompañar, *to accompany*
acordarse, *to remember*
acostarse, *to go to bed*
actividad, *activity*
activo(a), *active*
un acto, *act*
una acuarela, *watercolour*
de acuerdo, *in agreement*
además, *moreover, as well*
adiós, *hello, goodbye*
adónde, *where*
la aduana, *customs*
una aerolínea, *airline*
un aeropuerto, *airport*
afectuosamente, *lovingly*
afortunadamente, *luckily*
una agencia, *agency*
ágil, *agile, clever*
agitar, *to wave*
agosto, *August*
el agua (f), *water*
ahora, *now*
al (a la), *to the, at the*
una ala, *wing*
una alacena, *wall-cupboard*
alcanzar, *to reach*
el alcohol, *alcohol*

una aldea, *village*
alegre, *happy*
la alegría, *happiness*
alemán(ana), *German*
un alfabeto, *alphabet*
una alfombra, *carpet*
algo, *something*
alguien, *someone*
alguno(a), *some*
alrededor de, *around*
alto(a), *high, tall*
un(a) alumno(a), *pupil*
allí, *there*
el amanecer, *dawn*
amarillo(a), *yellow*
una ambulancia, *ambulance*
americano(a), *American*
un(a) amigo(a), *friend*
la amistad, *friendship*
el amor, *love*
andaluz(a), *from Andalucia*
andar, *to walk, go*
un animal, *animal*
anoche, *last night*
anotar, *to note, take down*
anteayer, *day before yesterday*
antes de, *before*
antiguo(a), *old*
anunciar, *to announce*
un año, *year*
aparecer, *to appear*
aprender, *to learn*
apretar, *to press*
aquel(la), *that*
aquí, *here*
árabe, *Arab, Arabic*
un árbol, *tree*
una arena, *arena, sand*
un armario, *cupboard*
el arte, *art*

el arroz, *rice*
arruinado(a), *ruined*
artificial, *artificial*
un artista, *artist*
artístico(a), *artistic*
un ascensor, *lift*
así, *so, like this*
una asignatura, *a school subject*
la atención, *attention*
un atlas, *atlas*
aún, *yet, still*
un autobús, *bus*
un autocar, *coach*
un autor, *author*
una aventura, *adventure*
un avión, *plane*
ayer, *yesterday*
ayudar, *to help*
una azafata, *air-hostess*
el azúcar, *sugar*
una azucarera, *sugar-bowl*
azul, *blue*

bailar, *to dance*
un baile, *dance*
bajar, *to go down*
bajo(a), *short, low*
un balcón, *balcony*
un banco, *bank*
una banda, *band*
una bandeja, *tray*
bañarse, *to bathe, swim*
un baño, *bath*
barato(a), *cheap*
una barba, *beard*
un barco, *boat*
una barra, *loaf*
un barrio, *district*
bastante, *enough, fairly*
una bata, *dressing-gown*
un bebé, *baby*
beber, *to drink*
una bebida, *drink*
el béisbol, *baseball*
un beso, *kiss*
el betún, *shoe polish*
una biblioteca, *library*

una bicicleta, *bicycle*
bien, *well*
un billete, *note, ticket*
la biología, *biology*
blanco(a), *white*
una blusa, *blouse*
una boca, *mouth*
un bocadillo, *snack, sandwich*
una bola, *ball*
un bolígrafo, *ballpoint*
un bolsillo, *pocket*
un bolso, *handbag*
bonito(a), *pretty*
un borrador, *board eraser*
una bota, *boot*
una botella, *bottle*
un botón, *button*
bravo(a), *ferocious*
un brazo, *arm*
brillante, *brilliant*
brillar, *to shine*
la buenaventura, *fortune*
bueno(a), *good*
buscar, *to look for*
un buzón, *letter box*

un caballo, *horse*
una cabeza, *head*
una cacerola, *casserole, pot*
cada, *each*
caer, *to fall*
el café, *coffee, café*
una cafetera, *coffee pot*
una caja, *box*
una cajera, *cashier*
un cajón, *drawer*
un calcetín, *sock*
un cálculo, *calculation*
un calendario, *calendar*
calentar, *to heat*
caliente, *hot*
el calor, *heat*
callar, *to be silent*
una calle, *street*
una callejuela, *alley*
una cama, *bed*
un camarero, *waiter*

cambiar, *to change*
el cambio, *change*
una camilla, *stretcher*
un camión, *lorry, truck*
una camisa, *shirt*
un camisón, *nightshirt*
el campo, *countryside*
un campo, *field*
una canción, *song*
cansado(a), *tired*
cantar, *sing*
una capital, *capital*
capítulo, *chapter*
una cara, *face*
¡caramba! *goodness*
un caramelo, *toffee*
la carne, *meat;*—de cerdo,
  pork;—de vaca, *beef*
una carnicería, *butcher's shop*
un carnicero, *butcher*
caro(a), *dear, expensive*
una carretera, *roadway*
un carrito, *trolley*
una carta, *letter*
una cartera, *briefcase*
el cartón, *cardboard*
una casa, *house*
casarse, *to get married*
casi, *almost*
castaño(a), *chestnut, brown*
castañuelas, *castanets*
un castillo, *castle*
una catedral, *cathedral*
católico(a), *catholic*
a causa de, *because of*
celebrar, *to celebrate*
una cena, *dinner, supper*
cenar, *to have dinner*
central, *central*
centrífugo(a), *centrifugal*
un centro, *centre*
un cepillo, *brush*
cerca de, *near to*
un cerdo, *pig*
la cerveza, *beer*
cerrar, *to shut, close*
una cesta, *basket*

el cielo, *sky*
la ciencia, *science*
un cigarrillo, *cigarette*
un cine, *cinema*
una cinta, *ribbon*
una ciudad, *city*
un clarinete, *clarinet*
claro(a), *light; clear(ly)*
una clase, *class(room)*
clásico(a), *classical*
un cliente, *client, customer*
la coca-cola, *coke*
una cocina, *kitchen, cooker*
cocinar, *to cook*
un coche, *car*
coger, *to take, catch*
una cola, *tail*
una colección, *collection*
un colegio, *secondary school*
colgar, *to hang (up)*
una colina, *hill*
un color, *colour*
un comedor, *dining-room*
comer, *to eat, lunch*
la comida, *food, lunch*
¿cómo? *how?*
una cómoda, *dressing-table*
completo(a), *complete*
componerse de, *to consist of*
una composición, *composition*
comprar, *to buy*
de compras, *shopping*
con, *with*
concentrarse, *to concentrate*
un concierto, *concert*
conducir, *to drive*
confirmar, *to confirm*
confortable, *comfortable*
conmigo, *with me*
conocer, *to know (people)*
contento(a), *contented*
contestar, *to answer*
contigo, *with you*
continuar, *to continue*
contrario(a), *opposite, wrong*
una contusión, *bruise*
consigo, *with him, her*

construir, *to construct*
una conversación, *conversation*
copiar, *to copy*
una corbata, *tie*
cortar, *to cut*
una corte, *court*
corto(a), *short, cut*
un corredor, *corridor*
el correo(s), *mail, post office*
correr, *to run, flow*
una corrida de toros, *bullfight*
una cosa, *thing*
costar, *to cost*
creer, *to believe*
la crema, *cream*
la crema de dientes, *toothpaste*
una criada, *maid*
un(a) cristiano(a), *Christian*
el Cristo, *Jesus, the Christ*
cruzar, *to cross*
un cuaderno, *exercise book*
¿cuál? *which?*
¿cuándo? *when?*
¿cuánto(a)? *how much, how many?*
un cuarto, *room, quarter*
un cuarto de baño, *bathroom;—*
de estar, *sitting-room*
un cubierto, *place at table*
cubrir, *to cover*
una cuchara, *spoon*
un cuchillo, *knife*
una cuenta, *bill, account*
un cuerpo, *body*
una cuesta, *hill, slope*
una cueva, *cave*
¡cuidado! *care, careful*
un cumpleaños, *birthday*
curioso(a), *curious, strange*

una chaqueta, *jacket*
un(a) chico(a), *boy, girl*
chino, *chinese*
un chiste, *joke*
chocar con, *to crash into*
el chocolate, *chocolate*

dar, *to give*
darse cuenta de que, *to realise*

dar un paseo, *to take a walk*
de, *of, from*
debajo de, *under*
decidir, *to decide*
decir, *to say*
un dedo, *finger*
dejar, *to leave*
del, *of the, from the*
delante de, *in front of*
delantero(a), *front*
deletrear, *to spell*
delgado(a), *thin, slim*
los demás, *the rest, others*
demasiado, *too (much)*
un dentista, *dentist*
dentro, *inside*
una dependienta, *sales girl*
un deporte, *sport*
derecho(a), *right*
desaparecer, *to disappear*
desayunar, *to have breakfast*
el desayuno, *breakfast*
descansar, *to rest*
describir, *to describe*
una descripción, *description*
descubrir, *to discover*
desde, *from*
despacio, *slowly*
un despacho, *study*
despedirse de, *to say goodbye*
despejado, *clear*
despertarse, *to wake up*
después de, *after*
detrás de, *behind*
un día, *day*
un diálogo, *dialogue*
un diario, *diary*
dibujar, *to draw*
un dibujo, *drawing*
diciembre, *December*
un dictado, *dictation*
un diente, *tooth*
diferente, *different*
difícil, *difficult*
el dinero, *money*
un disco, *record*
la distancia, *distance*
distinto(a), *different*
divertirse, *to enjoy oneself*

dolerse, *to be hurt*
doméstico(a), *domestic*
domingo, *Sunday*
don, doña, *(familiar title)*
un don, *gift, ability*
¿dónde? *where?*
dormir, *to sleep*
dormirse, *to go to sleep*
un dormitorio, *bedroom*
una ducha, *shower*
durante, *during*
durar, *to last*

e, *and*
echar, *to put, pour, throw*
echar la buenaventura, *to tell fortunes*
la edad, *age*
un edificio, *building*
un ejemplo, *example*
por ejemplo, *for example*
un ejercicio, *exercise*
el, *the (masc.)*
él, *he*
eléctrico(a), *electric*
ella, *she*
ellos(as), *they*
empezar a, *to begin*
un(a) empleado(a), *employee*
en, *in, into, on*
encontrarse con, *to meet*
enero, *January*
enfadado(a), *annoyed*
una enfermera, *nurse*
enfrente, *in front, opposite*
enorme, *enormous*
una ensalada, *salad*
enseñar, *to show*
entender, *to understand*
entonces, *at that time*
una entrada, *entrance*
entrar en, *to go in*
entre, *between*
entregar, *to give*
eres, *see* ser
es, *see* ser
una escalera, *stairs*
escocés, *Scottish*

escoger, *to choose*
escribir, *to write*
escribir a máquina, *to type*
escuchar, *to listen*
una escuela, *primary school*
ese(a)(o), *that*
por eso, *for that reason*
español(a), *Spanish*
un espejo, *mirror*
esperar, *to hope*
un(a) esposo(a), *husband, wife*
el esquí, *skiing*
esquiar, *to ski*
una esquina, *street corner*
una estación, *station; season*
un estado, *a state*
una estancia, *a stay*
un estanco, *tobacconist's*
un estante, *shelf*
estar, *to be*
este(a), *this*
el este, *east*
estereo, *stereo*
una estrella, *star*
un(a) estudiante, *student*
estudiar, *to study*
un estudio, *studio*
examinar, *to examine*
explicar, *to explain*
explorar, *to explore*
expresivo(a), *expressive*
un(a) extranjero(a), *foreigner*
un extremo, *end*

una fábrica, *factory*
fácil, *easy*
una falda, *skirt, lap*
una familia, *family*
famoso(a), *famous*
un fantasma, *ghost*
una farmacia, *chemist's*
por favor, *please*
favorito(a), *favourite*
febrero, *February*
una fecha, *date*
feliz, *happy*
un ferrocarril, *railway*
una fiesta, *holiday*

un fin de semana, *weekend*
la física, *physics*
el flamenco, *gypsy dance*
una flor, *flower*
un florero, *vase, pot*
folklórico(a), *folk*
formar, *to form, make*
una foto(grafía), *photo*
francés(esa), *French*
una frase, *phrase*
frecuente, *frequent*
frecuentemente, *frequently*
un fregadero, *sink*
fregar, *to wash up*
frenar, *to brake*
una fresa, *strawberry*
freso(a), *fresh, cold*
frío(a), *cold*
una frontera, *frontier*
una fruta, *fruit*
una frutería, *fruiterer's*
un frutero, *fruiterer*
fue, *see* ser
un fuego artificial, *firework*
una fuente, *fountain*
fuerte, *strong, healthy*
fumar, *to smoke*
el fútbol, *football*
el futuro, *future*

gafas, *spectacles*
galés, *Welsh*
una gallina, *hen*
un garaje, *garage*
el gas, *gas*
la gaseosa, *aerated water*
gastar, *to spend*
un gato, *cat*
genealógico(a), *family, genealogical*
generalmente, *generally*
general: por lo—*generally*
la gente, *people*
la geografía, *geography*
un gigante, *giant*
un(a) gitano(a), *gypsy*
golpear, *to knock (down)*

una goma, *rubber eraser*
gordo(a) (ita), *fat, plump*
gracias, *thanks*
un gramo, *gramme*
gran(de), *great, big, large*
gris, *grey*
gritar, *to shout, scream*
un grito, *shout, scream*
un grupo, *group*
guardar, *to keep, guard*
una guitarra, *guitar*
gustar, *to be pleased*
el gusto, *pleasure*

una habitación, *room*
hablar, *to speak*
hace x días, *x days ago*
hacer, *to do, make*
— cola, *to queue*
hace buen tiempo, *it is fine*
hace calor, *it is hot*
hace frío, *it is cold*
hace mal tiempo, *it is horrible weather*
hace sol, *it is sunny*
hace viento, *it is windy*
hacia, *towards*
una hacienda, *farm*
la hambre, *hunger*
la harina, *flour*
hasta, *until, as far as*
hay, *there is, are*
un helado, *ice cream*
herido, *hurt, wounded*
un(a) hermano(a), *brother, sister*
hermoso(a), *beautiful, lovely*
la hierba, *grass*
un(a) hijo(a), *son, daughter*
la historia, *history, story*
una hoja, *leaf*
un hombre, *man*
una hora, *an hour*
un horario, *timetable*
el horizonte, *horizon*
el horror, *horror*
un hospital, *hospital*
un hotel, *hotel*

hoy, *today*
un huevo, *egg*
humano(a), *human*

un idioma, *language*
una iglesia, *church*
una ilustración, *picture*
imaginar, *imagine*
impaciencia, *impatience*
importante, *important*
imposible, *impossible*
indicar, *to indicate*
inglés(esa), *English*
un instrumento, *instrument*
intercontinental, *intercontinental*
interesante, *interesting*
interesar, *to interest*
el invierno, *winter*
una invitación, *invitation*
un invitado, *guest*
invitar, *to invite*
una inyección, *injection*
ir, *to go*
una isla, *island*
italiano(a), *Italian*
izquierdo(a), *left*

el jabón, *soap*
el jamón, *ham*
un jardín, *garden*
un jarro, *jug*
el jerez, *sherry*
un jet, *jet aircraft*
joven, *young*
jueves, *Thursday*
jugar, *to play*
un juguete, *toy*
julio, *July*
junio, *June*

un kilo, *kilo*
un kilómetro, *kilometre*

la(s), *the (fem.)*
al lado de *next to, beside*
ladrar, *to bark*

una lámpara, *lamp*
un lápiz, *pencil*
largo(a), *long*
una lata, *tin*
una lavadora, *washing machine*
lavar(se) *to wash*
una lección, *lesson*
la leche, *milk*
una lechuga, *lettuce*
leer, *to read*
lejos de, *far from*
una letra, *letter (of alphabet)*
levantar(se), *to get up*
una libra, *pound*
un libro, *book*
ligero(a), *light*
un limpiabotas, *shoeshine boy*
limpiar(se), *to clean (oneself)*
limpio(a), *clean*
una línea, *line*
una lista, *list*
los, las, *the (pl)*
luego, *then, next*
un lugar, *place, spot*
la luna, *moon*
lunes, *Monday*
la luz, *light*

una llamada, *call*
llamar(se), *to call, be called*
una llanura, *plain, flat country*
una llave, *key*
llegar, *to arrive*
llenar, *to fill*
lleno(a), *full*
llevar, *to wear, carry, take*
llevar puesto, *to wear, to have on*
llorar, *to cry, weep*
llover, *to rain*

una madre, *mother*
mal, *badly*
una maleta, *suitcase*
mamá, *mummy*
una manera, *manner, way*
una mano, *hand*

un mantel, *tablecloth*
la mantequilla, *butter*
una manzana, *apple*
mañana, *tomorrow*
una mañana, *morning*
un mapa, *map*
el mar, *sea*
un marido, *husband*
martes, *Tuesday*
marzo, *March*
marrón, *brown*
más, *more*
matador, *bullfighter*
matar, *to kill*
matemáticas, *maths*
mayo, *May*
mayor, *older, greater*
un mecánico, *mechanic*
una mecanógrafa, *typist*
una media, *stocking*
mediano(a), *medium*
medianoche, *midnight*
una medicina, *medicine*
un médico, *doctor*
medio(a), *half*
en medio de, *in the middle of*
mediodía, *midday*
mejor, *better*
mejorarse, *to get better*
un melón, *melon*
menor, *younger, less, smaller*
menos, *less, minus, least*
una mentira, *untrue, lie*
un mercado, *market*
una merienda, *picnic, snack*
la mermelada, *jam*
un mes, *month*
una mesa, *table*
meter, *to put into*
una mezquita, *mosque*
mi(s), *my*
el miedo, *fear*
mientras, *while*
miércoles, *Wednesday*
un minuto, *minute*
el(la) mío(a), *mine*
mirar, *to look at, watch*

mismo(a), *same*
un misterio, *mystery*
misterioso(a), *mysterious*
un modelo, *model*
moderno(a), *modern*
un molino, *mill*
un momento, *moment*
una moneda, *coin, change*
un monedero, *purse*
montado, *mounted*
una montaña, *mountain*
un montón, *heap, pile*
moreno(a), *brown, dark*
morir, *to die*
moro(a), *moor, muslim*
un mostrador, *counter*
mostrar, *to show*
una motocicleta, *motorbike*
mucho(a), *a lot*
un mueble, *piece of furniture*
la muerte, *death*
una mujer, *woman, wife*
el mundo, *world*
— todo el, *everyone*
un museo, *museum, art gallery*
la música, *music*
un músico, *musician*
músico(a), *musical*
muy, *very*

nacer, *to be born*
una nación, *nation*
una nacionalidad, *nationality*
nada, *nothing*
nadar, *swim*
nadie, *nobody*
la naranjada, *orangeade*
una nariz, *nose*
la Navidad, *Christmas*
necesario(a), *necessary*
necesitar, *to need*
negro(a), *black*
nevar, *to snow*
una nevera, *fridge*
un nido, *nest*
la nieve, *snow*

ninguno(a), *no*
un(a) niño(a), *small child*
no, *no, not*
una noche, *night*
un nombre, *name*
el norte, *north*
nosotros(as), *we, us*
noviembre, *November*
un(a) novio(a), *'steady,' fiancé(e)*
una nube, *cloud*
nuestro(a), *our*
un número, *number*
nunca, *never*

o, *or*
un obrero, *worker*
octubre, *October*
el oeste, *west*
un oficial, *official*
una oficina, *office*
oír, *to hear*
un ojo, *eye*
¡olé!, *bravo!*
al óleo, *in oils*
olvidar, *to forget*
una oración, *sentence*
oscuro(a), *dark, dim*
el otoño, *autumn*
otro(a), *another*

la paciencia, *patience*
un padre, *father*
pagar, *to pay*
una página, *page*
un país, *country*
un pájaro, *bird*
una palabra, *word*
un palacio, *palace*
el pan, *bread*
una panadería, *baker's*
un panadero, *baker*
un pantalón, *trousers*
un pañuelo, *handkerchief*
el papel, *paper*
un paquete, *packet*
para, *for*
una parada, *bus-stop*

un paraguas, *umbrella*
parar(se), *to stop*
parecer, *to appear*
parecido(a), *similar*
una pared, *wall*
un parque, *park*
una parte, *part*
un párrafo, *paragraph*
el pasado, *the past*
pasado, *last, passed*
un pasaje, *passage, journey*
un pasaporte, *passport*
pasar, *to pass, happen*
un pasatiempo, *hobby*
pasear(se), *to go for a walk*
un paseo, *walk, trip*
un pastel, *cake, pastry*
una pastilla, *cake of soap*
una pata, *paw*
una patata, *potato*
un patio, *patio, yard*
un pato, *duck*
la paz, *peace*
un peatón, *pedestrian*
pedir, *to order, ask for*
peinar(se), *to comb*
un peine, *comb*
una película, *film*
el pelo, *hair*
una pelota, *ball*
la pena, *pain, nuisance*
una península, *peninsula*
pensar, *to think*
peor, *worse*
pequeño(a), *small*
una pera, *pear*
un periódico, *newspaper*
pero, *but*
una persona, *person*
un perro, *dog*
pesar, *to weigh*
pesado(a), *heavy*
un pescado, *fish*
una peseta, *peseta*
el peso, *weight*
un piano, *piano*
un picador, *bullfighter*

a pie, *on foot*
de pie, *standing*
un pie, *foot*
una pierna, *leg*
un pijama, *pyjama*
pintar, *to paint*
un pintor, *painter*
la pintura, *painting*
una pipa, *pipe*
una piscina, *swimming pool*
un piso, *flat, floor*
una pizarra, *blackboard*
un plan, *plan* (*intention*)
un plano, *plan* (*drawing*)
la planta baja, *ground floor*
plástico(a), *plastic*
un plátano, *banana*
un platillo, *saucer*
un plato, *plate*
una playa, *beach*
una plaza, *square*
una plazuela, *small square*
una pluma, *pen*
un plumier, *pencil case*
pobre, *poor*
poco(a), *little, few*
poder, *to be able, can*
la policía, *police*
poner(se), *to put* become
poner la mesa, *to lay the table*
por, *for*
¿por qué? *why?*
porque, *because*
portugués(esa), *portuguese*
posible, *possible*
una posición, *position*
una postal, *postcard*
un postre, *dessert*
practicar, *to practise*
un precio, *price*
preferido, *favourite*
preferir, *to prefer*
una pregunta, *question*
preguntar, *to ask*
preparar, *to prepare*
un preparativo, *preparation*
presentarse, *to present oneself*

la primavera, *spring*
primer(o)(a), *first*
un(a) primo(a), *cousin*
de prisa, *fast, quickly*
un problem, *problem*
una profecía, *prophecy*
una profesión, *profession*
un(a) profesor(a), *teacher*
un programa, *programme*
prometer, *promise*
pronto, *quickly, soon*
pronunciar, *to pronounce*
protestante, *protestant*
próximo(a), *next*
un pueblo, *town*
un puente, *bridge*
una puerta, *door*
un puerto, *port*
puesto, *see* llevar
en punto, *exactly*
un pupitre, *desk*
un puro, *cigar*

que, *which, that, than*
¿qué? *what?*
quedar(se), *to remain, stay*
querer, *to want, love*
querer decir, *to mean*
el queso, *cheese*
¿quién(es)? *who*
la química, *chemistry*
quitar(se), *to take off, undress*

un racimo, *bunch*
una radio, *radio*
una rama, *branch*
rápidamente, *fast*
un rato, *a while, moment*
una reacción, *reaction*
la realidad, *reality*
una recepcionista, *receptionist*
una receta, *prescription*
recibir, *receive*
un recreo, *break*
un regalo, *present*
una región, *region*
una regla, *ruler*

regular, *regular, fair*
reírse, *to laugh*
la religión, *religion*
religioso(a), *religious*
un reloj, *watch, clock*
repetir, *to repeat*
representar, *to represent*
una reserva, *reservation*
responder, *to reply*
una respuesta, *answer*
un retrato, *portrait*
un retrete, *toilet*
una reunión, *party, reunion*
una revista, *magazine*
revolotear, *to flutter about*
rico, *rich*
un rincón, *corner, angle*
un río, *river*
riquísimo(a), *delicious*
rojo(a), *red*
romano(a), *Roman*
romántico(a), *romantic*
la ropa, *clothes*
roto(a), *broken*
rubio(a), *fair, blond(e)*
un ruido, *noise*
ruidosamente, *noisily*
una ruina, *ruin*
una ruta, *route*

sábado, *Saturday*
una sábana, *sheet*
saber, *to know*
sacar, *to take out*
una sala, *hall, ward*
una salida, *exit, way out*
salir, *to go out*
saltar, *to jump*
saludar, *to wave, greet*
la sangre, *blood*
un(a) san(to)(ta), *saint*
una sardina, *sardine*
se, *himself, herself, itself,*
    yourself, oneself, one
una secadora, *dryer*
secar(se), *to dry oneself*
seco(a), *dry*

una secretaria, *secretary*
la sed, *thirst*
seguir, *to follow*
segundo(a), *second*
un sello, *stamp*
un semáforo, *traffic light*
una semana, *week*
la Semana Santa, *Easter week*
sentar(se), *to sit down*
sentir(se), *to feel*
señalar, *to point to*
señor(ora)(ita), *(titles)*
separar(se), *to separate*
septiembre, *September*
ser, *to be*
una serenata, *serenade*
servir, *to serve*
si, *if*
sí, *yes*
la sidra, *cider*
siempre, *always*
una siesta, *siesta*
siguiente, *following*
el silencio, *silence*
una silla, *chair*
un sillón, *armchair*
un símbolo, *symbol*
simpático(a), *nice*
sin, *without*
un sitio, *place, seat*
situado, *situated*
sobre, *on, upon*
sobre todo, *above all*
el sol, *sun*
solamente, *only*
a solas, *alone*
la soledad, *sadness, solitude*
solo(a), *alone*
sólo, *only*
soltero, *single, unmarried*
a la sombra, *in the shade*
un sombrero, *hat*
son, *see* ser
sonreír, *to smile*
la sopa, *soup*
soy, somos, *see* ser
su, *his, her, your, their, its*

suave, *soft, gentle*
subir, *to go up*
subir a (un coche), *to get in*
sucio(a), *dirty*
el suelo, *ground, floor*
un sultán, *sultan*
el sur, *south*

el tabaco, *tobacco*
una tabla, *structure table*
el tamaño, *size*
también, *too, also*
un tambor, *drum*
tampoco, *neither*
tan, *so*
tanto(a), *so much, so many*
tardar, *to take (time)*
tarde, *late*
la tarde, *the evening, afternoon*
una tarea, *homework, task*
un taxi, *taxi*
una taza, *cup*
te, *you, yourself*
el té, *tea*
un techo, *roof*
telefonear, *to telephone*
un teléfono, *telephone*
la televisión, *television*
temprano, *early*
un tenedor, *fork*
tener, *to have, hold*
tener calor, *to be hot*
tener frío, *to feel cold*
tener hambre, *to be hungry*
tener miedo, *to be afraid*
tener sed, *to be thirsty*
tener que, *to have to*
el tenis, *tennis*
tercer(o)(a), *third*
terminar, *to end*
terrible, *terrible*
el terror, *terror*
una tetera, *teapot*
un texto, *text*
ti, *you*
el tiempo, *time, weather*
una tienda, *shop*

tímido(a), *timid, shy*
tinto, *red (wine)*
un(a) tío(a), *uncle, aunt*
tirar, *throw*
la tiza, *chalk*
una toalla, *towel*
un tocadiscos, *record-player*
tocar, *to touch, play*
todavía, *still, yet*
todo(a), *all, every*
tomar, *to take*
un tomate, *tomato*
un torero, *bullfighter*
un toro, *bull*
una tortilla, *omelette*
tostado, *toasted*
en total, *altogether*
trabajar, *to work*
el trabajo, *work*
el tráfico, *traffic*
un traje, *suit*
un traje de baño, *swimming costume*
una transfusión, *transfusion*
un tren, *train*
una trenza, *plait*
triste, *sad*
una trompeta, *trumpet*
tropical, *tropical*
tu, *your*
tú, *you*
un turista, *tourist*
un turno, *turn*

u, *or*
último(a), *last*
un, una, *a*
único(a), *only*
unido, *united*
una universidad, *university*
usar, *to use*
usted(es), *you*
una uva, *grape*

va, vamos, *see* ir
una vaca, *cow*
una vacación, *holiday*

vaciar, *to empty*
vacío(a), *empty*
la vainilla, *vanilla*
valer, *to be worth*
valiente, *brave*
un valle, *valley*
vario(a), *various*
un vaso, *glass*
Vd(s)., *see* usted
un vecino, *neighbour*
un vendedor, *seller*
vender, *to sell*
venir, *to come*
una ventana, *window*
una ventanilla, *small window*
ver, *to see*
el verano, *the summer*
un verbo, *verb*
la verdad, *truth; true*
verde, *green*
un vestido, *dress*
vestirse, *to dress*
una vez, *time*

viajar, *to travel*
un viaje, *journey*
la vida, *life*
viejo(a), *old*
el viento, *wind*
viernes, *Friday*
el vino, *wine*
visitar, *to visit*
una vista, *view*
vivir, *to live*
un volante, *driving wheel*
volar, *to fly*
volver, *to return, go home*
vosotros, (as), *you*
voy, *see* ir
una voz, *voice*
un vuelo, *flight*

y, *and*
yo, *I*

un zapato, *shoe*
un zumo, *squash (drink)*